농부 이재관의 그림일기

농부 이재관의 그림일기

초판 1쇄 펴냄/2018년 1월 1일

글·그림/이재관
펴낸이/정낙묵
편집/박근자
디자인/이안 디자인
펴낸 곳/고인돌
주소/경기도 파주시 꽃아마길 51 1층 (우)10884
전화/031-943-2152
전송/031-943-2153
손전화/010-2261-2654
전자우편/goindol08@hanmail.net
홈페이지/www.goindolbook.com
출판등록/제406-2008-000009호

ⓒ 이재관 2018
이 책의 내용을 쓰고자 할 때는 저작권자와 출판사의 허락을 받아야 합니다.

값 14,500원
ISBN 978-89-94372-88-4 03810

이 도서의 국립중앙도서관 출판예정도서목록(CIP)은 서지정보유통지원시스템 홈페이지(http://seoji.nl.go.kr)와 국가자료공동목록시스템(http://www.nl.go.kr/kolisnet)에서 이용하실 수 있습니다.
(CIP제어번호: CIP2017033603)

농부 이재관의 그림일기

글·그림 이재관_2006~2017

이틀째 상사화 꽃대 올라오는 것을 구경합니다.
신기하고 신비로우면서 대견하네요.
무성했던 잎이 흔적도 없이 사라진자리.
애초 내가 있었다는 존재감 드러내는
상사화.

고인돌

추천사

여기 생활예술의 달인 이재관 님의 그림일기를 보라

예술의 종류는 너무 다양하고 복잡하여 이것들을 동일선상에 놓고 비교하는 것은 부질없는 짓이다. 그럼에도 나는 그 많은 종류의 예술 가운데 생활예술을 최고의 예술로 본다. 지금은 누구나 듣고 즐기는 서양 고전주의 미술이나 클래식 음악은 사실 귀족들을 위한 예술이었다. 그 귀족들이 권력을 장악하고 위세를 떨치면서 대중들도 선망과 부러움 속에 귀족의 예술을 받아들이게 된다. 그래서 정착된 예술의 소비형식이 '감상'이다. 나는 감히 해볼 수 없지만 감상할 수는 있다는 것이다. 이 잘못된 예술관으로 인해 대중들은 자신의 예술적 능력을 사장시킨 채 예술의 변방에서 기웃거리거나 흉내나 내면서 생을 마감한다. 또 하나의 폐단은 특화된 전문가의 솜씨를 기준으로 놓고 일반인의 솜씨를 무시 또는 저평가하는 것이다. 개개인의 얼굴 모습이 다 다르듯이 예술도 그만큼 다르다. 좋다 나쁘다는 오로지 관객 개인의 몫이지 권력 저편에서 유래된 기준에 의해 판단되어서는 안 된다.

여기 생활예술의 달인 이재관 님의 그림일기를 보라.
얼마나 자유롭고 사랑스러우며 유쾌한가!

물론 그는 일반 사람들에 비해 그림을 잘 그리는 편이지만 전문가의 눈으로 보면 여전히 삐뚤빼뚤 제멋대로이다. 생태주의 시대는 소비자가 곧 생산자가 되는 시대라고 한다. 예술도 그리해야 한다. 우리 모두 이재관 님을 따라 제멋대로 자기만의 예술가가 되자.

황대권(농부 · 생명평화운동가 · 「야생초 편지」 저자)

차례

5 추천사_여기 생활예술의 달인
　　이재관 님의 그림일기를 보라

8 명자 (2011.12.12)
10 겨울 봄동 (2012.1.21)
12 봄배추 싹 (2016.3.11)
14 두근두근 복사꽃 (2009.4.8)
16 꽃길 따라서 (2017.4.13)
18 나들이 (2013.4.29)
22 물꼬 (2017.6.30)
24 콩밭 매다가 (2017.9.4)
26 꼬부라진 허리 (2017.8.14)
28 깨 솎는 할매 손 (2017.6.15)
30 수국 꽃송이 (2017.8.4)
32 무심히 툭… 능소화 (2017.7.30)
34 상사화 1, 2 (2017.8.7)
36 작지만 큰 일꾼 호미 (2013.1.5)
38 호미농사 (2011.4.5)
40 장군장군 똥장군 (2016.6.5)
42 마을 외식하고 오다가 (2008.5.8)
46 칡 바구니 (2014.11.20)
48 얼음땡 놀이 (2017.8.11)
50 닭 대장 찬이 (2011.12.17)
52 엄니와 딸기 (2009.5.7)
56 짜구질 (2006.1.21)
58 나무망치 (2015.8.12)
60 도장을 새기다 (2011.1.14)
62 도장 하나 새기려면 (2011.1.14)
64 탱자나무 꽃 (2017.4.20)
67 작은 낫 (2014.4.2)

68 예초기 (2017.7.8)
70 나무이사 계획 (2017.3.31)
72 고재 다탁 다리 (2014.6.9)
76 주걱 (2009.7.10)
78 구유 (2011.3.4)
80 쟁반 하나 (2014.12.22)
82 재봉틀 (2017.7.4)
85 실패와 실타래 (2012.1.20)
87 삼태기 (2017.7.10)
88 숯다리미 (2017.7.12)
90 숫돌 잔 갖고 오니라 (2014.10.13)
92 풍로 (2009.10.2)
94 재떨이 (2017.7.3)
96 달걀말이 (2017.8.24)
98 못줄의 추억 (2017.6.8)
100 하 요시키 봐라? (2017.3.27)
102 장독화분 (2017.7.11)
104 단호박 (2017.8.4)
106 나무 옮겨심기 (2017.4.6)
108 아… 세월호 (2017.4.18)
110 갤리그래피 (2014.2.1)
112 콩밭 앞에서 (2017.8.29)
114 여름 마당의 마술 (2017.8.4)
116 비도 오고… (2012.1.21)
118 박재동 선생 (2017.7.5)
120 가뭄 (2017.6.29)
122 스쿠터 (2017.3.6)
124 솔찬히 따숩재라? (2015.2.3)
126 개미가 문다 (2017.8.25)
128 폴더폰 허리 (2017.3.16)

130	모기향 (2015.8.16)	188	뒤집으면 되지 (2017.7.7)
132	돌 나르기 (2017.3.23)	190	헌 차 새 발통 (2015.9.14)
134	밭고랑에서 (2012.3.16)	192	힘내라 (2017.4.26)
136	감자밭에서 (2016.6.25)	194	버들아 부탁하마 (2017.5.10)
138	오일장에서 (2017.6.8)	196	달집을 세우다 (2013.2.24)
140	시골길도 예외는 아니다-로드킬 (2015.6.29)	198	다시 족제비다 (2017.3.27)
142	게으른 놈이 (2012.2.24)	200	장화꽂이 (2010.5.2)
144	오이의 생존전략 (2009.8.13)	202	달걀 (2017.8.16)
146	자귀나무 (2012.1.1)	204	같이 태어나면 좀 좋으니? (2017.8.12)
148	부탁하마 (2014.1.17)	206	삼순이 (2017.7.22)
150	햇빛건조기 (2012.9.11)	208	참 이쁘다 (2015.4.22)
152	생태 뒷간 (2011.4.13)	210	미안해 (2015.2.16)
154	흙-생명을 키우는 (2009.6.14)	212	코뚜레 (2009.9.8)
156	돌 줍기 (2010.5.12)	214	엄니 손 (2017.6.11)
158	봄볕 아래 지게질 (2017.3.15)	216	고향 집 (2017.8.1)
160	아구구 부항 (2017.3.24)	218	엄니, 잘 계시지라? (2017.1.12)
162	내 아부지 같은 (2014.2.18)	220	메주콩 삶다가 (2011.12.14)
164	두 날 쇠스랑 (2017.8.30)	222	메주콩 찧는 한결이 (2009.1.4)
166	전기톱 (2017.3.8)	224	모다 보소 (2017.4.3)
168	고무신도 쉬고 (2017.8.15)	226	닭장으로 간 바랭이 (2015.6.9)
170	목 꺾인 선풍기 (2008.9.12)	228	우리 집 나무 1호 팽나무 (2017.3.20)
172	불 잔 붙여봤는디 (2015.9.15)	230	봄 내음 (2017.3.5)
174	불? 그 까이 거 뭐 대충 (2015.9.15)	232	수수빗자루 매기 (2013.3.19)
176	낡은 신발 (2017.8.14)	234	꼬마 도마 (2017.7.9)
178	또록또록 옥수수 (2006.1.20)	236	재봉틀 의자 (2008.2.28)
180	몹시 달달한 (2011.7.26)	238	쥐 나겠다 (2017.8.14)
182	수박 (2017.7.20)	240	낫걸이 (2015.6.5)
184	개 덥다! (2017.8.11)	242	모루 (2013.2.22)
186	뒷간에서 (2017.8.31)	244	끌 뭉치 (2017.8.16)
		246	만만한 생활목공 (2015.7.20)

명자

　　　(2011.12.12)

겨울로 들어서는 어느 날.
잎 다 떨군 명자나무 무채색 가지에 어? 또렷한 선홍빛이 보인다.
가까이 보니 명자꽃이다.
명자꽃을 보는 순간 어렸을 적 국어책에선가 읽었던 이야기가 떠올랐다.
한겨울에 핀 장미꽃을 가위로 잘라 집 안으로 들여왔다는 이야기로,
맘 아프지만 어쩔 수 없이 가지를 잘라야 했다는 편지글 형식이었던가?

어쩌려고 이리 추운 날 꽃을 피웠다니?
명자꽃은 아무 말이 없다.

명자가 피었다
목백색거목틈틈이 한가지에
연홍빛 명자꽃 툭 터져서...
반가운 맘은 찰나
그냥 안쓰럽고 애처롭다.
명자나무 아랜
뽑기 채 하지 않은 배추
오두머니 앉았다.
봄동이 되겠지.
개불알풀 아직 푸른
헛 발 뒤축이에
겨울이 깃들고 있다.

2011 심죽에 12.12

겨울 봄동
         (2012.1.21)

한겨울.
응달엔 녹다 만 눈이 희끗희끗하고 바람이 살을 엔다.
닭장 가는 길 뒷밭엔 추위를 견디느라 애쓰는 봄동이 납작하게 붙어 있다.
채 자라지 않아 김장배추가 되지 못하고 봄동의 삶을 사는 배추.
이런 고통을 견뎌내야 비로소 봄에 꽃대를 밀어 올려 노란 꽃을 피울 수 있겠지.
해마다 배추 모종을 넉넉하게 장만해서 심는다. 포기가 찬 놈은 김장하고 덜 찬 놈은 밭에 그대로 둔 채 한두 포기씩 가져다 쌈으로 먹는다.
아삭하고 달다.
눈 이불 뒤집어썼다가 녹기를 여러 번. 두어 포기씩 뽑아 닭장에 던져 넣고 돌아서면 뿌리만 남아 있다. 꽃샘추위 오기 전 봄동은 한껏 기지개를 켜고 꽃대를 밀어 올린다.
노란 배추꽃이 핀 배추도 포기째 뽑아다 닭장에 넣어 준다.
꽃잎 따 먹는 닭들을 보니 봄동이 '아낌없이 주는 나무를 닮았구나' 하는 생각이 든다.

봄동

아직 고개 들 때 아니야
최대한 몸을 낮추야해
날 잠깐 따숩대고
고개들지말아

살아남아야 비로소
봄에 꽃대 밀어올리지
살금살금 다가가 쭈그리고 앉아
들여다보면
아직 한겨울 소곤소곤 봄동
귀엣말소리 들리고

2012. 1. 21 차승죽이

봄배추 싹
    (2016.3.11)

봄배추 심으려고 모판에 싹을 틔웠는데 바깥날이 아직 차다.
낮엔 볕을 쬐고 밤엔 거실로.
맛난 배추 먹으려면 이 정도 수고로움은 어쩌지 못하나 보다.
그나저나 저 여린 것이 언제 자라 배추 꼴을 할까?

봄배추야 좀 부실해도 그만이지만 김장배추는 중요한 가을 농사다.
한여름 찜통더위가 누그러질 즈음에는 김장배추 모종을 준비한다.
모판에 상토를 담고 납작하게 나뭇가지를 깎아 흙을 살짝 헤집고는 손가락으로 잡기도 어려운 배추 씨앗을 넣는다. 꼼짝 않고 쭈그리고 앉아 배추씨를 모판에 넣는 일은 아주 주리가 틀리는 일이다. 그 일은 주로 아내와 아이들이 한다.
모판 일이 끝나면 넉 줄로 줄 맞춰 놓고 농자재상에서 사 온 모판용 철사를 활대처럼 박고 한랭사(스타킹처럼 촘촘한 그물)를 씌워준다. 배추 나방이 알을 슬지 못하게 막는 거다.
모판이 마르지 않도록 물뿌리개로 물을 주면 사나흘 만에 배추 싹이 올라온다.
반갑다. 본잎이 서너 장 올라오면 밭에 아주 심는다.
농약과 비료, 제초제를 쓰지 않는 우리 배추밭에는 온갖 벌레들이 몰려든다. 배추흰나비 애벌레는 솜털 보송한 귀여운 모습으로 잎을 갉아 먹고는 검은 똥을 싼다. 똥이 있으면 벌레가 있

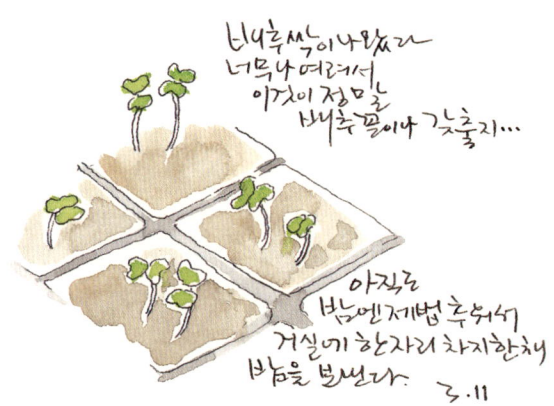

배추싹이 나왔다
너무나 여려서
이것이 정말로
배추풀이나 갓풀지...

아직도
밤엔 제법 추워서
거실에 한자리 차지한채
밤을 보낸다. 3.11

다. 아침마다 벌레를 잡아야 하는 수고로움이 따르지만 배춧잎이 너울너울하게 자라기 시작하면 벌레도 이겨낸다.
두 손바닥을 펼친 만큼 자랐을 때 돌연 배추가 시드는 수가 있다. 배추 포기 밑으로 두더지가 지나면서 굴을 파버리면 배추 뿌리가 허공에 뜨게 되고 시들어버린다. 두더지가 땅굴을 파고 들쑤셔 놓은 자리가 보이면, 누리장나무 가지를 한 뼘 길이로 잘라 군데군데 꽂아준다. 나무 전체에서 누린내가 난다고 하여 누리장나무란 이름이 붙었는데, 냄새에 민감한 두더지의 접근을 당분간 막을 수 있다.
또 거세미나방 애벌레를 조심해야 한다. 주로 밤중에 땅속에서 활동하는 놈들이 골칫덩이인데 이놈들은 잘 자라고 있는 배추 밑동을 잘라버린다. 낮에는 주로 땅 위의 돌 밑이나 얕은 흙 속에 숨어 있다가, 밤이 되면 나와 배추의 싹을 먹어치운다. 뿌리부터 줄기, 잎까지 잘 먹어 배추 밑동을 아예 잘라버리니 치명타를 입는다. 시들시들한 포기 옆을 살살 파보면 거세미나방 애벌레가 나온다. 닭장으로 직행이다.
그렇다고 약을 치기는 싫다.
우리는 김장할 포기보다 더 넉넉하게 심는다. 더러는 속이 차지 않은 채 봄동으로 겨울을 나면서 아삭하고 다디단 쌈 채소가 되고, 나머지는 봄풀이 올라올 때까지 서너 포기씩 뽑아 닭 특식으로 준다.

두근두근 복사꽃
(2009.4.8)

봄이다.
논둑엔 쑥부쟁이가 뾰족뾰족 올라왔다.
건너편 과수원 둑 아래 좁장한 도랑가엔 돌미나리가 가득했고 여기저기 미나리보다 훨씬 키 큰 미나리아재비가 서 있었다.
탱자나무 아래로는 뱀딸기가 달렸는데 빨간 뱀딸기에는 허연 거품이 보골보골 묻어 있었다.
"뱀이 딸기에다가 춤을 묻혀놨능갑다야."
"그랑께 뱀딸기재. 저건 못 묵는 거여."
그래서 우리는 가시에 찔려가며 산딸기는 따 먹었어도 뱀딸기는 먹질 않았다.
"아부지, 뱀딸기는 못 묵는 거다요?"
"누가 그라디야? 묵어도 암시랑토 안히야."
뱀이 침을 안 묻혀놓은 뱀딸기를 따서 씹어보았다. 약간 달았어도 영 심심했다.
앵두꽃 자두꽃 살구꽃이 흐드러졌고 조금 지나 분홍빛 복사꽃이 꽃망울을 터뜨렸다.
'곱다. 징허니 이삐다야.'
복사꽃을 보면서 나는 노래를 흥얼거렸다.

뻐꾹뻐꾹 봄이 가네.
뻐꾸기 소리 잘 가란 인사.
복사꽃이 떨어지네.
노래가 슬퍼선지 복사꽃이 마냥 고와 보이지 않았다.

화사한 복사꽃
가만들여다보면 아련히 슬픈꽃
내유년의 속내가 짠하게
배어있는 꽃.

그냥 조금 슬픈 꽃이다. 어린 내 눈에 복사꽃은 아련하고도 슬픈 빛깔이었다.
사월 꽃 잔치 끄트머리에 소복처럼 새하얀 탱자꽃이 흐드러졌고
마치 눈깔사탕만 한 탱자가 솜털 뽀송뽀송하게 달릴 즈음, 보릿고개로 내동 배가 고팠던 우리는 채 익지도 않은 자두를 따서 이빨을 박고 몸서리를 쳤다.
"어흐 셔. 왓따메 머시 이라고 시다냐."
"웜메. 눈이 안 떠질라 그란다야."
게슴츠레한 눈으로 우린 서로 얼굴을 보면서 키득거렸다.
차마 씹진 못하겠고 그렇다고 그 시디신 자두를 그냥 뱉지도 못하고 눈을 게슴츠레 뜨고서 오물거렸던 기억.
시간이 팽팽 흘러서 20년이 넘고 30년이 훌쩍 넘고.
복사꽃이 그리워서 나는 집 앞에다가 개복숭나무를 심었다.

꽃길 따라서
(2017.4.13)

나들이
(2013.4.29)

"긍게 얼루 가자고? 가고 자픈디 야그들을 해보씨요."
"우리 여자들이 머슬 알가니? 팽야 남자들이 가잔 디로 가믄 되재."
"아, 그러지 말고 가고 자픈 디를 말씀하셔야지라."
"여수나 목포 가서 회나 잔 묵고 오믄 어짜까?"
그러자 말 떨어지기가 무섭게 여기저기서 받아친다.
"거그는 쩌번짝에도 갔다 와노코 그라네."
"그라믄 쩌짝 경상도는 어짜요?"
"그랄바사 앗쌀흐니 서울로 가불등가."
"아따, 인자 갈 디도 벨라 읎구마는."
해마다 오월 초순께 못자리 끝내놓고 다녀오는 마을나들이. 4월 회의에서 날짜며 장소를 결정한다. 벌써 한 시간째 이어진 회의.
후보지가 나오자마자 "거그는 갔다 왔싱게."요, 한사코 다른 데를 가자는데 또 다른 지명이 나와도 "나는 거그를 두 번썩 가봤네. 보잘 것도 읎고 묵잘 것도 읎어."다.
미치겠다.
그렇다고 가지 말잔 의견은 절대 안 나온다. 마지노선인 '파투'를 내서 마을나들이를 못 가게 된 '원인 제공자'로 덤터기를 쓰면 안 된다는 것을 마을 사람들은 오랜 경험으로 알고 있다.
장소는 결정이 안 났는데 이제 버스 얘기가 화두로 올랐다.
"그라고 내가 한마디 할라는디 사람이 암만 적드라도 조까 널룹게 가야재. 저번짝맹기로 옹송시럽게 찡개갖고 갈 거 같으믄 나는 안 가."
"항, 버스는 널롸야제라."
몇 년 전에 하도 의견이 안 모아져 마을 사람들 차를 석 대 얼러 타고 부안으로, 새만금으로 돌면서 '간단허니 점심만 묵자' 하여 회를 먹고 왔는데, 한데 모여 가지 않으니 재미가 '한나도' 없더라는 거다. 겨우 스무 명 안팎이더라도 대형버스를 고집한다.

나들이

같이 '들고뛰어야' 제맛인 때문이다.
여차저차 우여곡절 끝에 해남으로 결정.

새벽 다섯 시. 눈을 떴다.
허리가 시큰해서 바로 누울 수도 옆으로 돌아누울 수도 없다.
마을분들 모시고 봄나들이 가는 하필 오늘이라니.
허리를 부여잡고 집 아래로 내려가니 어르신들이 걱정스럽게 묻는다.
"어추꾸 허리가 마니 아픈갑네?"
"어짜다가 그랬으까이?"
홍길 아재는 홍길 아재답게 한마디 하신다.
"아 손님들 왔는디 일 시케묵응께 탈이 난 거시재….ㅋㅋ"
몸 봐서는 마을나들이 빠지고 싶지만, 그래도 그럴 수는 없어 버스에 올랐다.
홍길이 아재는 기분이 좋으신 모양이다.
술 들고 여기저기 권하신다.
"나가 시방 홀애비여."
신촌 아짐이 양 무릎 수술을 해서 병원에 계신 까닭에.
이번엔 사진 찍기.
"아 얼렁들 와서 한 장 박고 가장께."
"머던다고 안 오까이."
이런 데선 꼭 안 찍는다고 빼는 사람 하나씩 있다.

집으로 돌아오는 버스 안.
나는 이장이라는 죄로 치사량이 넘는 소주를 마셔야 했고, 자리에 앉지도 못하고 서 있어야 했으며, (자리에 앉으면 초곡 사람 아니라고 디제잉을 한 현준 형이 공갈을 쳤음) 징허게 체력 좋은 어른들과 부비부비 몸을 흔들어야 했다.
허리도 부실하지, 술 때문에 골은 패지, 종아리도 아프지.
참 그러고 보면 어른들은 대단도 하시다.
저녁은 옥과 한 식당에 들러서 비빔밥을 먹었다.
그런데 막판에 결국 또 일이 하나 생겼다.
여든넷 최고령자 봉열 아재가 무슨 심통이 나셨는지 저녁밥을 안 자시겠다고 버틴다.
"내가 어째 올해는 조용히 넘어강가 했구마. 냅도. 고집이 여간 씬게 아니여."
재작년에도 그랬지. 후후.
마냥 기다릴 수 없으니 모두 저녁을 먹고 내려왔는데
관광차에서 혼자 기다리던 봉열 아재가 택시를 불렀다고 한다.
"아따, 시방 바로 마을로 갈 꺼신디 뭘라 택시를 불러요? 얼렁 취소하쑈이."
그러나 이미 택시는 옥과로 들어오는 중.
"하여튼 한 번도 기냥 조용허니 넘어간 꼴을 못 본당께."
"아, 그 냥반 성정이 그란디 우짤 거시여?"
결국 봉열 아재랑 아짐은 택시를 타고 마을로 가시고.
다음 날 아침.
봉열 아재가 전화를 하신다.
"뭣히여? 올라와서 남은 술 묵어야재. 얼렁 와."

탈 없이 모두 잘 다녀와서 다행이다.
큰 짐 하나 내려놓은 거 같다.
마당 아래 사과꽃이 이쁘다.

물꼬
        (2017.6.30)

"어디 갔다 오신가?"
"예, 논에 물꼬 좀 보고 온다고요."
논에 갔다가 집으로 돌아오는 길. 아랫말회관 앞에서 근수 형님을 만났다. 근수 형님은 나와는 나이 차이가 솔찬히 나는데도 인사할 때마다 미안할 정도로 깍듯하게 인사를 받는다.
오토바이를 잠시 세우고 담배 한 대씩 나눠 피웠다.
"시방이야 쎄멘으로 수로를 맨들어서 저수지 물만 트믄 물이 헛간 디로 안 가고 논으로 간디, 옛날에는 말도 마소. 물꼬 땜시 쌈도 나고…."
"쌈이요?"
"저수지까정 더튀 올라옴서 죽고살고 물길을 맨들아 놓고 인자 물을 흘려보내믄 오다가 물이 뚝 끊어져. 가서 보믄 중간쯤에서 즈그 논으로 물을 몽땅 집어여부니 쌈이 나재. 양심이 있으믄 아래로도 물을 보내조야재. 그래서 옛날에는 저닉 일찌거니 묵고 나랑 안사람이 교대함서 물 내롱가 안 내롱가 보초를 스고 했당께."
내가 부치는 논은 집에서 꽤 떨어진 찻길 안쪽 들녘 끝에 있다. 집 아래 방방한 저수지 물은 그림의 떡인 셈이다. 그래서 물이 수로로 흘러가는 동안 여기저기서 끌어대면 우리 논은 물 처신하기 힘들다. 바짝 마른 논에 오래된 양수기 가져다가 어찌어찌 설치해서 물꼬로 물을 흘려보냈다. 물꼬로 물 들어가는 거만 봐도 배부르다는 말이 실감 난다.
해마다 기록을 갈아치우는 불볕더위, 길어지는 가뭄, 열대지방의 스콜을 떠오리게 하는 장대비.
이제 종잡을 수 없는 날씨 때문에 농사짓는 일이 갈수록 어렵다.

물꼬

한달 넘게 비가 내리지 않았다.
논바닥이 드러난 자리엔 돌피들이
새파랗게 올라온다. 풀잡으라고
들여보낸 우렁이들도 힘을 못쓴다.
물이 있어야 돌아다니며 풀을
먹을텐데.

오래된 양수기 한참을 손봐서
어렵게 물을 넣었다.
깊어버 너른 개천에도 물이 많지않다.
그러고 이게 어딘가.
물꼬에 물 들어가는 거 보니
아 이제 좀 갈증이 풀린다.

콩밭 매다가
(2017.9.4)

귀농 전에 책에서 읽은 이야기.
'콩 세 알 심어서 한 알은 땅속 벌레가 먹고, 한 알은 새가 먹고, 나머지 한 알은 열매를 맺어 사람이 먹고.'
그래서 그런가 보다 했다.
물론 책에서 본 내용이 너무나도 터무니없다는 사실을 알게 되기까지는 그리 오랜 시간이 걸리지 않았다.
실한 콩을 종자용으로 골라 정성스럽게 두세 알씩 심었다. 사나흘 뒤 흙을 뚫고 통통한 콩 싹이 올라왔다. '야, 장하다. 역시 생명의 힘은 위대하고 신비롭다.'
다음 날 그 많던 콩 싹은 오간 데 없다. 콩 대가리만 똑 따 먹거나 먹지도 않을 것을 죄 뽑아서 팽개쳐 놨다. 꿩, 비둘기, 까치 짓이다.
그래서 마을 어른들은 콩을 농약에 담가뒀다가 심기도 하고, 아예 붉은색으로 코팅된 콩 종자를 사서 쓴다. 이 콩은 새들이 건드리지 않는다. 아무리 그래도 종자를 농약에 담글 수는 없었다.
궁여지책으로 모판에 상토를 담아 콩을 두 알씩 넣고 물을 주어 모종을 키우기로 했다.
마당에 모판을 설치하고 모종을 키우니 새들이 달려들지 못한다.
떡잎이 갈라지고 본잎이 서너 장 올라와 콩 모종이 한 뼘쯤 자라면 밭으로 내다 심는다.
그만큼 여러 공정을 거치게 되니 일손이 바빠지지만, 그나마 콩 농사를 지으려면 다른 길이 없다.
밭을 갈지 않는 농사를 지으니 콩 심을 자리엔 풀이 가득하다. 예초기로 바짝 풀을 깎고 콩 모종을 심는다. 비닐멀칭*을 하지 않으므로 콩 모종이 뿌리를 내리고 힘을 받기 시작하면 풀도 덩달아 콩만큼 자란다. 날이 짧은 작은 낫을 들고 풀을 베어 눕혀준다. 풀 간섭을 덜 받게 된 콩이 쑥 키를 키우면 이번에는 순자르기를 해준다. 잎이 너울너울 많으면 콩이 제대로 달리지 않기 때문이다. 두 번째 풀을 잡고 마지막 세 번째 풀을 잡으면 콩 꼬투리가 통통해지면서 영글어간다.
아내랑 콩밭에 엎드려서 세 번째 풀을 베어 눕히는데
이런! 채 영글지도 않은 메주콩 꼬투리가 여기저기 바닥에 수북하다.
쥐가 따서 갉아먹은 것.
참 농사짓기 힘들다.

콩모종 길러서 밭에 정식하고 (세번째)
풀을 잡느라. 웃순도 쳐주었고 콩꼬투리도
제법 다글다글 달려졌는데…
채 여물지 않은 콩을 꼬투리째 따내서
까먹는둥 마는둥.
아 이 쥐들을 어쩌 말릴꼬?
콩 익도록 콩밭 자주 들락거려야겠다.

---

*비닐멀칭: 농작물을 재배할 때, 흙이 마르는 것과 비료가 유실되는 것, 병충해, 잡초 따위를 막기 위해서
  비닐로 땅의 표면을 덮어 주는 일.

꼬부라진 허리
(2017.8.14)

2006년 곡성에 터 잡고 집을 지었던 그해 겨울.
밭을 구해 거기다 집을 짓다 보니 집 한 채만 달랑 있고 집 마당 아래 팽나무 한 그루 서서 마을로 오르는 길이 훤히 내려다보인다.
눈이 펑펑 내리고 쌓여 온 세상이 하얗게 된 날, 아내랑 거실에서 바라본 바깥 풍경—.
이장님이 휘적휘적 앞서가고 대여섯 걸음 뒤에 이장님 댁 소춘 아짐이 허리를 잔뜩 꼬부리고 힘겹게 몇 발 떼다가 멈춰 서서 천천히 허리를 펴고는 휘유 숨을 몰아쉰다.
앞서가던 이장님은 고개만 돌리고 서서 빨리 안 온다고 채근한다.
소춘 아짐은 다시 꼬부랑 할머니가 되어 몇 발짝 걷다가 또 멈춰 서서 휘유….
곁부축하고 같이 걸어가면 참 좋으련만.
그때 소춘 아짐 허리가 그림처럼 이랬다.
그 이듬해 나는 명아주를 키워 지팡이를 만들어 소춘 아짐과 후동 아짐한테 선물했다.
당시 마을의 유일한 차는 우리 집 카니발 밴 한 대.
길이 가파르고 좁아 택시도 못 올라오던 때였다.
겨울에 눈이라도 내릴라치면 마을은 고립되었고, 마을방송을 듣고 우르르 나온 마을 사람들이 삽이며 넉가래, 빗자루를 들고 1킬로미터 넘는 마을 길 눈을 치워야 했다.
지금은 차가 엇갈려 다닐 만치 길도 넓어졌고, 효도택시도 오간다.

깨 솎는 할매 손
(2017.6.15)

버들이 데리고 마을 길 산책.
하루 한 번은 꼭 데리고 나가야지 했지만, 그게 어렵다. 그래서 묶여 있는 버들이한테 미안하다. 새끼 때부터 풀어서 키워도 탈이 없었는데, 몇 년 전 고라니를 한 마리 잡고 나서 묶이게 되었다. 집에서 가까운 곳에 터를 잡고 사는 영감님이 염소를 키우게 되었는데, 버들이가 잡은 고라니를 가져가면서
"피 맛을 봤응게 인자 개를 묶어야 써." 하는 거다.
졸지에 묶인 버들이.
그 뒤로도 염소에게 무슨 일이 생기면 우리 집 버들이부터 의심하는 통에 기분이 좋지 않지만 부딪치기 싫어 애써 참는다.
오후 다섯 시쯤.
일을 하자면 한두 시간 더 할 수 있지만, 과감하게 일을 접고 버들이한테 간다.
버들이는 낌새를 알아차리고 펄쩍펄쩍 튀어 오른다.
마을 길을 오르며 냄새도 맡고, 여기저기 오줌을 갈겨 영역표시도 하고, 민감한 코와 귀로 쥐나 뱀까지 잡는다. 한참 버들이를 따라 길을 오르는데, 아짐 한 분이 밭에 쭈그리고 앉아 손을 놀리고 계신다.
"뭐하셔요?"
"잉? 이~ 난 또 누구시라고. 깨 속과."
곁으로 가까이 가보니 깨를 솎고 계신다.
참깨는 참으로 손이 많이 간다. 귀농 초기에 우리도 참깨를 심었는데 지금은 심지 않고 들깨만 심는다. 참깨 몇 알 구멍에 넣고 싹이 올라오면 두어 개 남기고 모두 솎아주어야 한다. 그리고 흙을 끌어 올려 북을 주고.
드문드문 싹이 안 난 자리는 개미가 참깨를 물어가거나 비둘기들이 파먹은 거다.
용케 잘 자라는가 싶다가도 시들시들해지기도 한다. 그래서 깨농사는 털어봐야 안다고 했다.
뭉툭하고 굽고 쪼글쪼글해진 손.
평생을 일만 해 온 울 엄니 손이랑 많이 닮았다.

멋허시요?
잉? 잉... 꽤 속파.
마을할매손.
엄니손도 이래 생겼는데
시방은 잡아볼수도 없다.

수국 꽃송이
(2017.8.4)

시골 살게 되면서 참 좋았던 거.
스스로 먹을거리를 가꾸고 필요한 것을 손수 만들고 내가 스스로 내 삶을 경영하고… 꼽아보면 여러 가지가 있는데, 좋아하는 나무를 심고 가꿀 수 있는 환경에서 지내게 되었다는 점도 빼놓을 수가 없다. 어렸을 적 아부지를 따라 산에 오르면서 보았던 나무들, 봄부터 가을까지 쏘다니며 만났던 수많은 식물.
그냥 뭉뚱그려 '잡초'가 아니라 저마다 고유한 이름을 갖고 있는 풀이며 나무들이다. 이름을 알고부터 새롭게 보였던 식물은 큰 매력이었다.
나무 책, 풀 책을 여러 권 사놓고 틈틈이 보게 되자, 어느 순간 눈에 들어오는 식물들 이름이 툭툭 튀어나왔다.
첫 귀농지 부안에서 집과 논밭을 빌려 살 때, 내가 좋아하는 나무를 원하는 자리에 심을 수가 없다는 사실이 참으로 안타까웠다. 그래서였을까? 곡성에 자리를 잡은 해, 마을에서 베어가라던 팽나무 옮겨심기를 시작으로 170여 종이나 되는 나무를 심었다. 아내가 좋아하는 초본과도 100종은 넘지 않을까 싶다.
한 그루 한 그루 정이 가지 않는 나무가 없지만, 아내랑 내가 좋아하는 나무 가운데 수국이 있다. 토양에 따라 다양한 색깔로 꽃을 피우고 꺾꽂이로 번식도 쉽다. 단아하고도 화려하면서 오래가는 꽃도 매력이었다.
꽃이 피면 달린 채 시들도록 그냥 두었는데, 시들거든 바로 꽃가지를 잘라내야 이듬해 꽃을 더 잘 피울 수 있다고 한다.
꺾꽂이한 수국이 올해 꽃을 피웠고, 꽃 피운다고 기운을 많이 쏟았을 나무를 생각해서 꽃가지를 잘라 주었다.
수국과는 꽃송이가 사뭇 다르게 생긴 산수국도 심었는데, 내년에는 한여름 더위에도 청초한 꽃을 보여주는 목수국(백당나무)을 심어볼 참이다.

오늘
장독대에서 시들고있는
수국 꽃송이를 잘랐어요.
그래야 내년에
꽃을 보여준다네요.

여기저기 꺾꽂이로 늘려가는 수국.
내년에 더욱 화사한 꽃송이를
볼 수 있기를.

무심히 툭… 능소화
(2017.7.30)

꼭 심어 가꾸고 싶었다.
돌담을 타고 앉아 한여름 강렬한 꽃을 피우는 능소화.
가지 잘라다 꽂은 지 10년. 이제 능소화는 우리 집 한여름을 환하게 밝혀준다.
양반만 심었다는 꽃. 평민이 심으면 데려다가 곤장을 안겼다지.
꽃송이째 장렬하게 툭툭 떨어진다는 동백보다
무심하게 아무렇지도 않은 듯 툭 몸을 내던지는 능소화가 나는 더 좋다.
그나저나 미처 생각지 못한 이 번식력을 어찌할꼬?
뿌리 한 토막만 남아도 끊임없이 싹을 틔우고 줄기를 키우는 능소화가 여기저기 가득하다.

귀농하고서 집둘레에 심은 나무수종이
170여종 된다.
그 가운데서도 꼭 심고싶은 나무가 있었어
능소화다. 더운여름 주먹만한 꽃송이를 달고
환하게 밝혀주는 꽃.
옛날에 양반만 심을 수 있었다는 꽃.
혹여 상민의 집에서 이 꽃이 발견되면
　　　　관가로 데려가 곤장을 때려
　　　　다시는 심지 못하게 했단다.

죽곡농협 앞에선가…
능소화가지 잘라다가 꽂은지
10년이 다 되어간다.
굵은 덩굴은 내 팔뚝만하게
자랐고 여기저기서 쉼없이
싹을 틔우고 덩굴을 키운다.

　　소나기 한차례 지나고
　　　마당에 나갔더니
　　　툭
　　무심하게 떨어지는
　　능소화 한송이.
고개들어 그늘데크를 보니 화사한 능소화꽃
　더위속에서도 시원스레 피었다.

상사화 1, 2
(2017.8.7)

상사화 알뿌리를 언제 심었는지 기억이 나질 않는다.
봄 무성하게 잎을 키우고 이내 사그라졌다가, 한여름 잎이 사라진 빈자리에서 어느 날 문득 '나 여기 있소' 꽃대를 밀어 올리는 상사화.
늘 언제 올라왔는지 눈치조차 못 채고 꽃을 맞았는데, 올해 처음으로 상사화 꽃대가 올라오는 모습을 살필 수 있었다.
바랭이며 달개비, 비름이 우거져서 말끔하게 맨 자리였는데 (그 자리에서 지난봄 상사화 잎이 무성했다는 사실을 난 기억하지 못했다.) 다음 날 아침 상사화 꽃대가 목을 쑥 내밀고 두리번거리지 않는가.

이틀째 상사화 꽃대 올라오는 것을 구경합니다.
신기하고 신비로우면서 대견하네요.
무성했던 잎이 흔적도 없이 사라진자리.
애초 내가 없었다며 존재감 드러내는
상사화.

신비롭고 반갑고. 그래서 하루 더 지켜보았다.
서로 앞서거니 뒤서거니 하면서 한 자가 넘게 밀어 올린 꽃대 끝에 분홍빛 상사화가 무척이나 고왔다.
잎은 꽃을 만나지 못하고, 꽃은 잎을 만나지 못해 이름만치 슬픈 상사화.
그래도 한 해 두 번이나 기쁨을 안겨주는 상사화.
여름 끝자락에 꽃 진 자리 뭉툭한 상사화 씨방. 씨방이되 씨앗을 맺지 못한다니 이 또한 슬프다. 잎과 꽃이 서로 만나지 못해서일까?
땅속 비늘줄기로 번식을 하니 그래도 참 다행 아닌가.

작지만 큰 일꾼 호미
             (2013.1.5)

이곳 초곡마을로 들어와 집을 짓고 농사를 지으면서 마을 아짐들을 모셔다가 고구마밭을 맨 적이 있었다.
"비니루를 씌와불재, 풀을 어추꾸 잡을라고 그라까이."
비닐은 물론 농약도 화학비료도 제초제도 쓰지 않고 농사를 짓겠다고 하니 어른들은 어이가 없었을 거다. 이른 아침 아짐들을 모시러 마을로 올라갔는데 손에 호미 하나씩을 들고 계셨다. 그런데 호미 끝이 하나같이 동글동글하다.
내가 호미를 보고 신기해하자,
"요 호맹이가 이십 년도 넘었소야."
세상에!
"좀 뾰족하게 맨들아 드리까?"
"아니. 집이 가믄 호맹이가 여나무 개 되야."

우리 집 밭농사 연장 가운데 하나.
농사를 짓는 집이라면 누구나 몇 자루는 갖고 있을 작지만 큰 일꾼.
호미는 모두 비슷하게 생겼는데 지역에 따라 모양이 조금씩 차이가 난다.
고랑을 긁어 올리기 쉽게 호미 날이 아주 넓기도 하고 뾰족한 풀뿌리나 마늘을 캐내기 쉽게 좁장한 호미도 있고, 양날 호미도 있는데 주로 편평한 밭 자잘한 풀을 긁는 데 쓴다.
헛간 시렁에 매달려 한겨울 나는 호미.

지교도큰 호미한자루

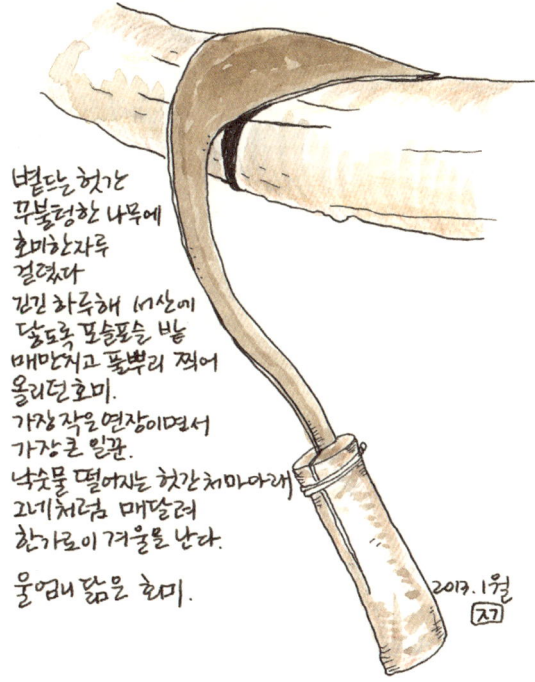

볕 안 드는 헛간
꾸불텅한 나무에
호미한자루
걸렸다.
긴긴 하루해 서산에
닿도록 포슬포슬 밭
매만지고 풀뿌리 찍어
올리던 호미.
가장 작은 연장이면서
가장 큰 일꾼.
낙숫물 떨어지는 헛간 처마아래
고개처럼 매달려
한가로이 겨울을 난다.

울엄니 닮은 호미.

2017. 1월
지기

호미농사

기계농업을 시작한지 30~40년

어 60마력... 근데 힘이 딸려..

무거운 기계로 논밭 밟고 다니다 보니
땅속이 다져져서 쟁기바닥층이 생겼다.
게다가 잦은 써레질(로터리)로 가루흙이
흙 틈새를 메워 떼알구조의 흙 체계가 망가지고.

뭐이리 단단하지?   쟁기바닥층

땅속이 단단해지니
뿌리가 깊이내려지를 못해 조금만 바람불어도
넘어지고
비가와도 물이 땅속으로 스며들지못해 지하수가 줄고
표토(겉흙)이 유실된다.

비만 조금오면 흙은 그야말로 곤죽이되고
마르면 오히려 각구 단단해진다.

호미농사
(2011.4.5)

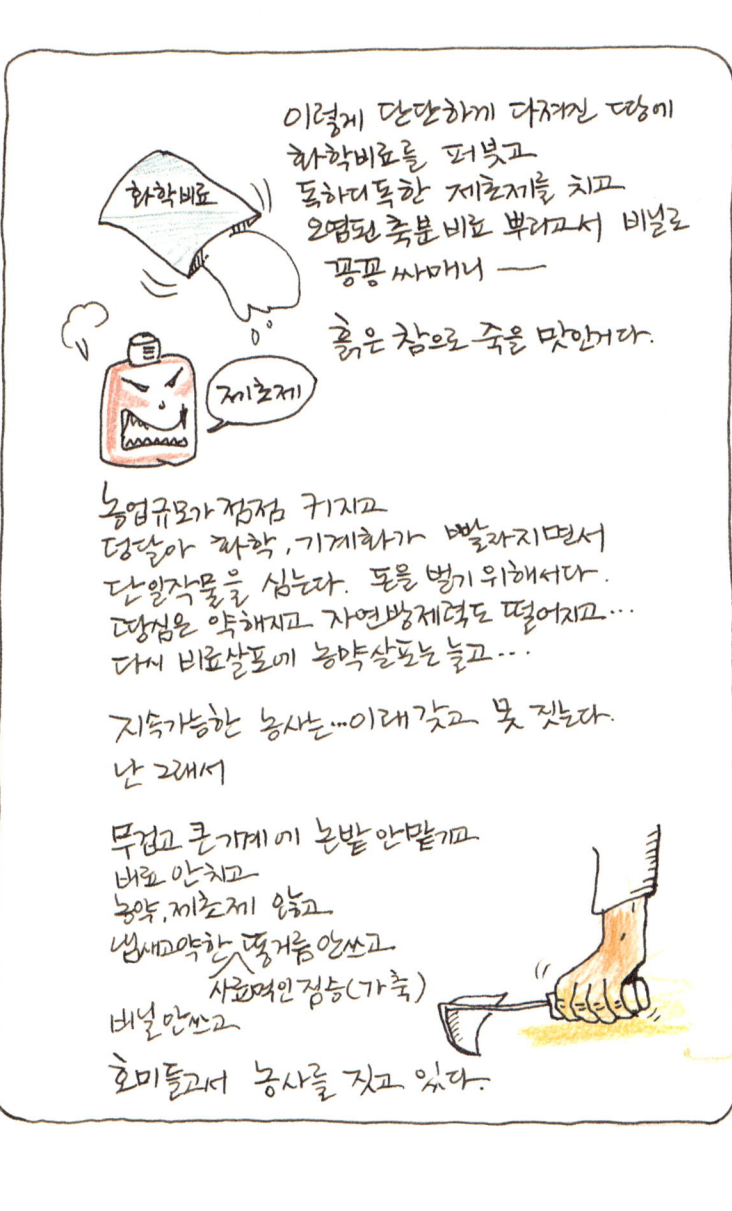

장군장군 똥장군
(2016.6.5)

옛날 우리 집 푸세식 뒷간은 사각 시멘트 구덩이였는데 아주 크고 깊었다. 다른 집들은 커다란 독을 묻기도 했다.
한겨울 큰형 동무들이 모여 계를 치루는 날이었지 싶다.
한 사람이 뒷간에 앉아 담배를 피우고 있는데, 뒷간 밖에서 어험어험 하는 어른 기침이 들려왔단다. 그 형은 재빨리 옷을 추스르고는 뒷간 뒤쪽으로 빠져나가려고 땅을 내딛는 순간 한 길이 넘는 똥통 속으로 사라졌다.
똥통은 가득 차 있었고 짚으로 엮은 허술한 벽체 아래로는 가랑잎들이 날려 똥통을 덮고 있었고. 그러니 우리 집 똥통 얼개를 모르는 그 형은 발 딛는 자리가 허당(허방)인지 땅바닥인지 알 턱이 없었던 거다.
그 한겨울 도랑가에서 얼음을 깨고 똥물을 씻었을 그 형은 평생 똥통의 기억을 온몸에 새기고 살겠지.
똥은 공기를 좋아하고 오줌은 공기를 싫어하고…. 호기성이니 혐기성이니 그런 거 몰랐던 뒷간. 똥오줌이 함께 섞이는 바람에 제대로 삭지를 않아 똥오줌을 퍼내는 날이면 냄새가 진동했다. 마당에 쌓아둔 풀 두엄더미를 다시 한쪽으로 뒤집어 쌓으면서 걸쭉한 똥물을 똥바가지로 퍼서 끼얹었지. 켜켜이 쌓아둔 풀더미가 삭아 보슬보슬한 두엄이 되면 삼태기로 퍼 담아 감자밭에 솔솔 뿌렸던 기억이 난다.
자기 똥을 3년 못 먹으면 죽는다고도 했다는데, 자연스러운 순환이 가능한 구조에서 나온 말이 아닐까 싶다. 그렇게 똥오줌은 거름이 되어 밭으로 가고 곡식을 키워 다시 입으로 들어오던 '순환'은 순식간에 뚝 끊겨 버렸다. 똥장군도 똥바가지도 자취를 감췄다.
그 많던 똥장군님들은 모두 어디로 갔을까?

마을 외식하고 오다가
(2008.5.8)

8, 9년쯤 되었을랑가?
곡성 겸면에서도 오지 중에 오지라고 하는 초곡마을 어른들 모시고 마을 외식을 나갔다.
우리가 이곳에 터를 잡을 때만 해도 마을에 교통수단이라고는 스쿠터와 사발 오토바이가 한 대씩, 경운기가 석 대 있을 뿐, 차가 없었다.
우리가 타던 중고 카니발 밴이 말하자면 여럿이 얼러 타는 가장 큰 교통수단이었던 셈.
"왓따메, 집이야가 옹께 그래도 우리가 배껕으로 외식을 다 나가보요야."
"금메. 이날 평상 우리가 모다 나가서 항꾸네 밥을 묵어봤가니?"
우리 식구가 마을로 오면서 외식문화도 따라 들어왔는데 마을분들이 모여서 '당신들 자시고 싶은' 메뉴를 골라 주로 저녁을 먹고 오는 거였다.
첨에 외식 나갈 때 아주 당연한 듯 아재들은 1열 2열 편한 자리에 앉았고 아짐들은 주섬주섬 짐칸으로 들어가 '오글씨고 앉겄다'.
이를 본 아내가 그냥 지나칠 리 없었다.
"옴마야? 이런 게 어딨어요? 아짐들이 앞에 타시고 남자분들이 뒤로 가셔야지요."
이렇게 정리를 한 뒤로부터 아짐들이 좋은 자리를 차지하게 되었다.
순창, 남원, 광주, 입면, 압록…. 어쩌다 보니 맛집 기행처럼 되었는데 주로 압록 청솔가든이라는 매운탕 집으로 갔다. 술값도, 추가 공깃밥값도 안 받는다. 그날도 저녁을 먹고 돌아오는데 하필이면 가장 많은 사람이 차에 탄 날이었다.
6인승 밴에 어른이 열여섯 명.
저녁을 먹고 오는 시각이라 시나브로 어스름이 짙어갈 무렵 곡성 읍내를 거쳐 고개를 깔딱 넘

고 삼기 삼거리로 내려올 때였다. 얼핏 보니 200여 미터 앞에 경찰이 서서 손을 들고 있다.
어이쿠야!
차 안은 느닷없는 경찰 출현에 난리가 났다.
"경찰이네."
"잉? 참말로 경찰이시."
"경찰 있응게 모다들 머리 숙이씨요."
앞 상황을 아는 사람들은 그나마 긴장한 얼굴인데, 뒷자리와 짐칸에 바글바글 타고 있는 사람들은 뭔 일이 났는지 알 길이 없다.
"먼일이다요?"
"경찰 있응게 모다들 납작허니 없는 거맹키로 수그리란 말이오."
"아따, 시끄롸서 머시 먼 소린 중 한나도 안 디키네."
"조까 조용히들 해봇씨요."
나는 경찰 앞까지 최대한 시간을 끌 요량으로 슬금슬금 브레이크를 밟았다.
"대그빡을 요라고 요라고 잔 숙이랑께 말도 징허니 안 듣네."
그때였다.
"뿌욱!"
이런, 가스까지 터지네.
"왓따메, 누가 방구를 끼여부까이?"
"웜메웜메 냄시야. 사람이 잔 염치라도 있어야재. 요 좁은 디서 방구를 껴불믄 숨 멕혀 죽으라는 거시나 매한가지재."
"누구여?"
"똥구멍을 틀어막어불재."
"아따, 듣자 듣자형게 참말로. 내가 겪어 내가. 저닉 인자사 묵고 배가 불른디 자꾸 엎지라고 허니 방구가 안 나와? 똥 안 나온 거시 다행이재."
난리가 아니네.
"조용조용. 인자 아무 말덜 말고 없는 디끼 가만히 있으쑈이."
이장님이 딱 정리를 하자 조용해졌다.
물론 조용했지만 방귀 냄새는 차 안을 자유롭게 돌아다니면서 사람들 코를 쥐게 했다.
조수석 유리창을 반쯤만 쓰윽 내렸다.
"아, 실례합니다. 저기… 저, 원뜽(등)까지만 태워주시믄 안 돼요?"
하이고야 천만다행이로세.
근무 마치고 파출소로 들어가는 꽤 앳된 경찰인데 차를 놓친 모양이다.
"그란디 어짜께라우? 보다시피 마을 외식허고 온다고 차가 꽉 차부러서."
경찰은 고개를 뽑아 올려 외로 꼬면서 쓰윽 차 안을 훑었다.
와글와글 서른두 개 눈동자랑 딱 마주치자 얼척이 없다는 듯 픽 웃으면서 고개를 빼 나간다.
"예, 조심해서 잘 가십쇼."
당연, 조심조심 가야지.
그날 마을 외식은 우리 마을 외식 역사에서 단연 최고의 이야깃거리를 남겼다.

칡 바구니
(2014.11.20)

숲을 망치는 주범으로 손가락질받는 식물 가운데 단연 으뜸이 무엇일까?
외래종 가시박덩굴도 있지만 칡이 아닌가 싶다.
어린 시절 동무들이랑 칡뿌리를 캐러 다닐 적만 해도 이렇게 많지는 않았는데, 이젠 눈길 가는 그 어디에도 칡넝쿨만 보이는 거 같다.
집 둘레에도 칡넝쿨이 가득하다. 이놈들은 슬금슬금 눈치를 보다가 잠시 한눈을 팔다 보면 어느새 발밑까지 와 있다. 줄기를 뻗어 세력을 키우면서 마디마디 땅에 닿는 대로 뿌리를 내려 더욱 강고하게 살아남는다.
잎이 져 내린 초겨울. 더는 안 되겠다 싶어서 낫 들고 칡넝쿨을 걷어내다가 꽤 곧게 뻗은 칡넝쿨을 봤다.
'이건 잘라두었다가 노끈으로 써도 되겠네.'
옛날에 아부지 따라 산에 갔을 때도 가져간 새끼줄이 끊어지거나 모자라면 칡넝쿨을 걷어다가 바로 노끈으로 쓰는 걸 본 기억이 있는지라 곧은 넝쿨들을 걷어다가 마당에 펼쳐 놨다.
노느니 염불한다고 했던가?
겨울 마당에 볕이 들었던 날. 문득 이 칡넝쿨로 뭔가 엮을 수 있지 않겠나 싶어 전지가위 하나 들고 작은 바구니를 엮었다. 아는 게 없어 되는 대로 하다 보니 아주 좁장하고 길쯔름한 바구니가 되었는데 수국 꽃송이를 꽂아 부엌 벽에 걸어두었다.
아내가 이쁘다고 한다. 그래서 내친김에 하나 더 만들고, 그러다가 날대가 짝수면 바구니 엮는 게 불편하다는 사실을 알게 되고….
걷어다가 바로 엮으면 마르면서 헐거워지고 소금물에 담그지 않으니 벌레가 슬어 못쓰게 되더란 것도 시간이 지나면서 알았다.
그렇게 내 칡넝쿨 바구니 엮기는 시작되었다. '귀농통문'에도 엮는 요령을 적어 보내고 가까운 구례 분들과 워크숍도 하고.
지천에 칡넝쿨이다. 그래서 나는 또 겨울을 기다린다.
맨 처음 엮은 바구니를 본 아내가 '이게 뭐야? 갖다 버려.' 했다면 지금 칡 바구니는 없었을 게 분명하다.

꽃꽂이용 칡넝쿨이 내게로 와서
쓰임새 많은 바구니가 되었다

얼음땡 놀이
(2017.8.11)

겨울 추위에는 달걀이 많이 나오지 않는다.
봄이 되어 날이 슬슬 풀리면 둥지마다 달걀이 옹기종기 들어 있다. 달걀 거둬오는 재미가 쏠쏠하다.
이때쯤이면 암탉들은 서로 둥지를 차고앉아 알을 품겠노라고 다툰다. 이미 들어가 있는 닭을 밟고 들어가 엉덩이를 들이미는가 하면, 잠깐 자리를 비운 사이 두세 마리가 한꺼번에 둥지를 차지하기도 한다. 둥지 예닐곱 군데에 열 마리도 넘는 암탉이 알을 품겠노라고 버틴다.
아직 포란실도 마련하지 못했는데 이러면 곤란하다.
둥지에 차고앉은 암탉 배를 들추고 알을 꺼내려고 하면 인정사정 볼 거 없이 쪼아댄다. 평소 실실 도망 다니던 약한 암탉이 아니다. 나는 어미가 되겠다고 선언한 강한 어미 닭이 된 거다.
알을 품지 않는 닭들과 알을 품으려는 닭을 한 공간에 두면 곤란한 일이 생긴다.
15개씩 품기 시작했는데 잠깐 사이 가서 보면 스무 개가 되어 있고, 다음 날엔 몇 개 더 늘어나 있다.
품기 시작한 날로부터 21일째 되는 날 병아리가 알을 깨고 나오는데, 이렇게 되면 병아리 나오는 날이 하루 이틀 사흘씩 차이가 나게 되므로 실패 확률이 높아지고 달걀도 버리게 된다.
그래서 알을 품는 녀석들을 다른 공간으로 데려다가 알 품는 일에만 전념하도록 해준다.
포란실 겸 육아실이다.
뜨거운 여름에도 한사코 알을 품겠다고 버텨 하는 수 없이 달걀을 넣어줬더니 정확히 스무하루가 되는 날 삐악 소리가 들렸다. 반가운 마음에 다가가니 어미는 국-! 한마디 하고 짐짓 시치미를 떼고 있다.
1번 병아리는 머리를 내밀다 멈췄고, 2번 병아리는 부리만 나오다가 멈췄다.
웃음을 참고 한참 보고 있다가 얼음땡 놀이 땜에 힘들겠구나 싶어 자리를 떴다.

닭 대장 찬이
(2017.12.17)

우리 집 막둥이 찬.
귀농 원년에 얻었으니 올해 열여섯 살.
초등학교 3학년 학기 초에 학교를 그만두고 막둥이 찬이는 홈스쿨러(엄밀히 말하면 홈뒹굴러쯤)가 되었고 50여 마리 닭을 도맡아 챙겼다.
비가 오나 눈이 오나 빠지지 않고 닭장을 오가며 닭을 챙겼고, 어쩌다 꾸중을 들을 때는 그 속상함을 닭장에 가서 닭들과 지내며 풀 정도였다.
닭 한 마리 한 마리 성격을 파악하고 이름을 지어줬으니 막둥이에게는 한식구나 다름없었을 터이다.
다른 사람 손에서는 벗어나려 퍼덕이던 닭들도 찬이 손에 가면 아주 온순해졌으니 아마 닭들도 자기들을 대하는 사람의 맘을 알아채고 있었을 것만 같다.
마음을 다하면 통하지 않을 일 어디 있겠나.
(5년 뒤 찬이는 닭 키우는 일을 그만두고 실상사 작은학교에 들어갔다.)

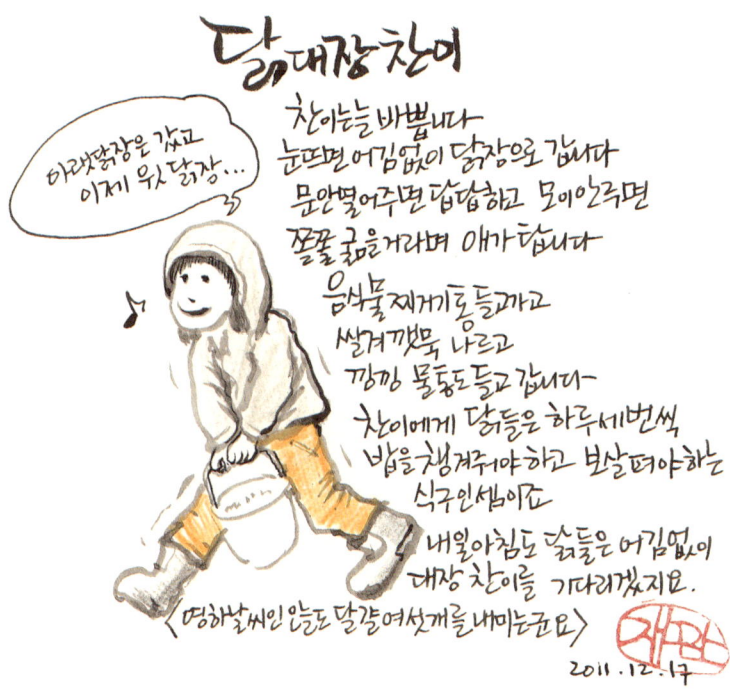

엄니와 딸기
(2009.5.7)

봄이었는지 여름이었는지 정확한 기억은 없다.
다만 초등학교 4, 5학년 때였던 것만 어렴풋이 기억난다.
집 앞 과수원 안에는 자두와 감, 밤나무 들이 가득했고 나무 사이로는 콩이나 보리, 밀, 고구마 들을 부치기도 했다.
그 과수원은 제법 너른 밭에 딸기를 심었는데, 중학생 때 동네 동무들이랑 탱자나무 울타리를 뚫고 딸기 서리를 하러 가기도 했다.
컹컹 짖는 개, 그리고 손전등 불빛이 휘적거리며 우리를 훑으면 우린 걸음아 날 살려라 도망쳤다.
옷자락에 따 담았던 딸기를 움켜쥐긴 했지만, 높다란 층계 밭둑에서 굴러떨어지기도 하고 벗겨진 고무신을 줍는다고 허둥대다가 딸기 몇 알 남지 않은 수가 더 많았다.
그래도 잡히지 않으면 우린 마냥 신나서 무용담을 늘어놓았지만, 결국 잡혀서 된통 혼쭐이 나기도 했다.

그 딸기밭에 엄니는 마을 엄니들과 어울려 밭일을 나가는 날이 많았다.
딸기 모종에서 줄기가 나와 다시 뿌리를 내린 새 포기를 나누는 일이었던 것으로 보인다.
참 징글맞게도 없이 살던 시절.
뭔가를 배불리 먹어본 기억이 없던 시절.
우린 늘 허기가 졌다.

2009.5.7

굳이농사랄 게 없는 우리집 텃밭딸기.
득어형 손바닥만한 자리에 몇 포기 심었는데
세상에…
제 철이라고 날마다 굵고 붉어집니다.
제철농사 최곱니다.
대목 다닥 포옥 빼빼목… 딸기 딸 때
나는 소리도 참 재밌습니다.

깡통차기 놀이를 하고 술래잡기를 하고 들과 산을 쏘다니다가 점심 무렵이 되자, 같이 놀던 동무들이 마치 약속이나 되어 있었던 것처럼 딸기밭에서 일하는 엄니들 쪽으로 발걸음을 옮기는 게 아닌가.
늘 그랬던 것처럼 자연스러웠다.
하지만 두 살 터울 내 동생도, 나도 이런 일이 처음이어서 잠깐 망설이다가 어정쩡하게 동무들을 따라갔다.
이번엔 탱자나무 울타리 구멍이 아닌 과수원 대문 쪽으로 두런거리며 걸어 들어갔고, 한참을 들어가니 나뭇잎 사이로 딸기밭 가장자리에서 점심을 먹으려고 부산하게 움직이는 엄니들이 보였다.
그때 동무들 가운데 누군가 소리쳤다.
"엄마!"
어른들이 우릴 쳐다봤는데 울 엄니도 우릴 본 것 같았다.
다른 엄니들은 아무 소릴 하시 않있는데 유독 울 엄니의 큰 목소리가 들렸다.
"이눔아, 멋 헐라고 여그를 와?" 하고 소리쳤다.
울 엄니는 그랬다.
한 집에 두셋이나 되는 아이들이 와글와글 들이닥치니 과수원 주인에게 미안키도 했을 거였다. 짐짓 과장되게 꾸중을 하는 것처럼 해서 미안함을 덜어보려고 했을 것이다.
속으로는 '그래, 왔응게 따순 밥이라도 한 그럭 멕여 보내겠구나' 했을 수도 있다.

못 이기는 척 그냥 주섬주섬 동무들이랑 다가갔으면 흰쌀밥 한 그릇 얻어먹을 수 있었을 거다. 그런데 왜 그랬을까?
나는 멈칫하다가 동생 손을 끌고서 뒷걸음질 쳐 나오고 말았다.
엄니가 아주 조금 서운하기도 했고, 괜히 따라온 것이 창피하기도 했다.
집으로 와서 두레박으로 물을 퍼 올려 벌컥벌컥 마셨다.
"밥 못 묵고 와서 서운하냐?"
"아니."
동생도 내가 내민 두레박 물을 받아 마셨다.
"물 잔 뿌려바라이?"
괜스레 눈물이 났다. 어푸어푸 세수를 했다.
그때 그 딸기밭에서 다른 집 자식들이 쌀밥 한 그릇씩 비우는 모습을 보면서 엄니는 무슨 생각을 했을까?
혹 울 엄니… 목이 메어 밥이 잘 안 넘어간 것은 아니었을까?

오늘 두 평쯤 되는 딸기밭, 풀에 묻혀 보이지 않던 딸기밭을 매다가 문득 40여 년 전 그 딸기밭이 떠올랐다. 엄니 얼굴이 떠올랐다.
빨간 딸기 한 알 반짝거렸다.
엄니를 본 듯… 가슴이 아렸다. 수돗가 가서 어푸어푸 세수를 했다.

짜구질

(2006.1.21)

오늘은 오후 내내 짜구질을 했다.
짜구*는 망치처럼 생겼는데, 한쪽은 못을 박을 수 있고 반대쪽엔 나무를 찍어 깎도록 날이 달린 연장이다.
쓸모가 꽤 많은 연장인데 요샌 여러 전동공구가 판을 치니 골동품이 되려고 한다.
하여간 그 짜구를 들고 쭉(참죽)나무로 방망이를 하나 다듬었다.
속살 발가니 참 예쁘다.
내 어렸을 때 아부지는 저 짜구 하나로 대부분의 살림 도구들을 만들었다.
빨랫방망이, 절굿공이, 호미자루, 삽자루, 살강 걸이, 쳇다리 따위.
아부진 짜구질을 무척 쉽게 하셨는데 내가 직접 해보니 결코 쉽지 않았다.
결을 제대로 몰라서 나무가 패거나 찢기기 일쑤고, 매끈하게 다듬지 못하니 다시 그라인더를 써야 한다.
능숙하게 짜구질하는 아부지 곁에 붙어 앉아 한참을 구경했던 기억이 새롭다.
지금은 짜구질하는 내 곁에 내 아들놈들 둘이 붙어서 보고 있다.
"아빠, 뭐 만드는 거야?"
"쳇다리라고 콩나물 기를 때 시루 밑에 받쳐놓는 거 봤재?"
"아! 와이 자로 된 거?"
"그렇지."
"역시 우리 아빠는 맥가이버야."
그러나 아들아, 아냐?
네 아빠는 울 아부지 반의반도 못 따라간다는 걸.
아빠는 어설픈 맥가이버지.

*짜구: 자귀. 나무를 깎아 다듬는 연장의 하나.

짜구질

탁탁탁탁…
아버지 짜구질은 정말 경쾌했다.
짜구질하는 아버지 옆에서 다리에 쥐나도록 앉아
구경을 했다.
이제 내 아들이 내 짜구질을 옆에서 구경한다.

나무망치
(2015.8.12)

화목보일러 앞을 치우는데 지난번에 땔감에서 빼놨던 느릅나무 토막이 눈에 들어온다.
땔감을 때다가 나중에라도 소용이 될 법한 나무토막은 따로 빼놓는 버릇이 있다.
뭐 정 쓸데없거든 그때 불구덩이에 던져 넣어도 되니까.
그래, 망치나 만들자.
한 5년쯤 되었나 보다.
참나무 깎아 나무망치를 만들어 끌질할 때 썼는데 제법 낡았다.
무게도 살포시 가벼운 느낌이고.
톱과 끌, 짜구를 써서 느릅나무 망치를 만들었다.
느릅나무는 아주 단단하고 묵직하다.
나머지 조금 짧은 느릅나무 토막에 구멍을 뚫어서 자루를 박았다.
자루는 정금나무.
정금나무도 아주 단단하고 질기다. 마당가에 선 정금나무 마른 부분을 잘라둔 것인데 워낙 단단해 이리저리 굴리다가 결국 이리 써먹는구나.

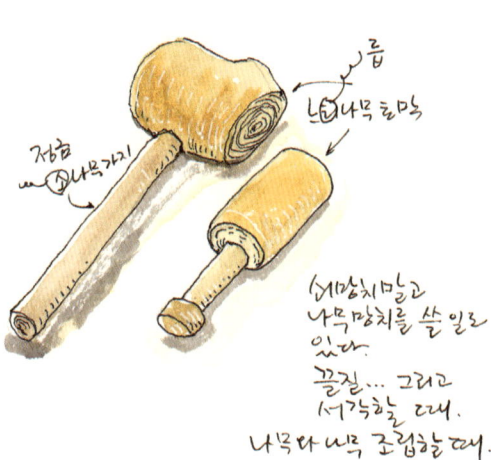

도장을 새기다
(2011.1.14)

아주 우연히 도장을 새기게 되었다. 누구나 한 번쯤 어렸을 적 고구마나 지우개를 붙들고 문방구용 칼로 글자를 새겨본 기억들이 있을 거다. 나도 그랬다.
회사 다닐 때 아는 형에게 도장목과 도장칼을 사게 되었다. 본인이 장만해서 파보려다가 그만두어 쓸모가 없었던 모양이다.
시골로 들어와 살면서 가끔 막도장으로 쓰는 도장목에 도장칼을 쓱쓱 밀어서 마을분들 도장을 몇 개 파본 적은 있으나 지금처럼 제멋대로 생긴, 가공되지 않은 원목에 도장을 새길 줄은 몰랐다.
유녀리나무(윤노리나무), 부안 살 때 우연히 집 앞에서 발견한 나무. 나이테마저 감춘 질기고 단단한 나무는 잡목으로 잘려 숲에서 삭아가다가 내게 보물처럼 왔다.

15년전쯤에 부안진서 곰소중마를 살때
밀밭건너 작은숲에서 우연히 알게된 나무.
소나무 말고는 잡목 이 되어서
잘려져 숲에서 썩고있던 나무.
단단하고 질겨서
나이테마저 속으로 감추는 나무.

우연히 도장목으로 쓰게 되었다.
귀한인연에게 선물도되고 소소한 부업도되고.
그렇게 유려나무는 내게 보물처럼 많다.

도장 하나 새기려면

(2011.1.14)

도장 하나 완성하기까지는 참 많은 공정을 거친다.
1. 적당한 굵기의 나무를 골라 물이 내린 겨울철에 장만한다.
2. 노지에 두고 풀이나 톱밥들을 덮어 비도 맞고 눈도 맞으며 젖었다 말랐다 하도록 둔다.
3. 열 달에서 1년 지난 뒤 비를 맞지 않는 그늘로 옮겨 둔다.
4. 도장 길이만큼 자르되, 나무 마디마디 생김새까지 고려해서 자른다.
5. 끌이나 주머니칼을 써서 껍질을 벗겨낸다. 이때 속살이 깎이지 않도록 한다. 잘 숙성된 나무는 그늘에서 말라가는 과정에 껍질과 속살이 자연스럽게 분리되기도 한다.
6. 새길 사람 나이, 성별, 이름에 따라 나무를 고르고 칼등으로 표면을 문질러 광을 낸다.
7. 두툼한 유리를 깔고 거친 사포를 얹어 면을 잡고 고운 사포로 평을 잡는다.
8. 투명용지에 이름을 쓴 뒤 종이를 엎어놓고 거꾸로 된 글씨를 도장 새길 표면에 그린다.
9. 일반 도장칼로는 새기기 어렵다. 도장칼 1, 2번을 나무 도려내기 쉽도록 갈아 쓴다.
10. 거칠게 이름을 새기면서 형태를 잡는다.
11. 유리 위에 종이를 깔고 찍어본다. 평이 맞지 않으면 도장 전체 면이 찍히지 않는다.
12. 글씨 형태나 균형을 생각하면서 글자를 다듬어 나간다.
13. 글자를 뺀 나머지 바닥 면을 고르게 정리한다. 이때 쓰는 칼이 따로 있다.
14. 글자 새기기가 끝나면 도장 뒤쪽, 손으로 쥐는 쪽 모서리를 칼로 모따기 한다.
15. 완성은 되었으나 밋밋해 보여서 나는 참죽나무 조각을 두 개 매달아준다.
16. 헝겊에 기름을 묻혀 닦아준다.
17. 최종 글자가 새겨진 면을 고운 사포로 마무리했다 해도 찍어보면 거칠다. 유리에 종이를 깔고 문질러 완성한다.

도장 새기기는 고도의 집중이 필요하다. 도장목을 고정하는 틀이 있으나 이 도장목은 생김새도 제각각인 데다가 칼을 밀어서 새기는 방식이 아니라 속살을 도려내면서 새기기 때문에 손으로 쥐고 새긴다. 칼이 손가락을 베고 지나기도 하는데, 하다 보면 요령이 생겨 요새는 칼을 안 먹는다.
테두리 원이 깨져나가거나 획이 떨어져 버리면 새로 잘라내고 파야 한다.
그래서 알맞게 말리는 게 최상의 도장목을 얻는 비결.
그나저나 내가 이걸 주저리주저리 쓴다 해서 따라 할 사람이 있기나 할까?

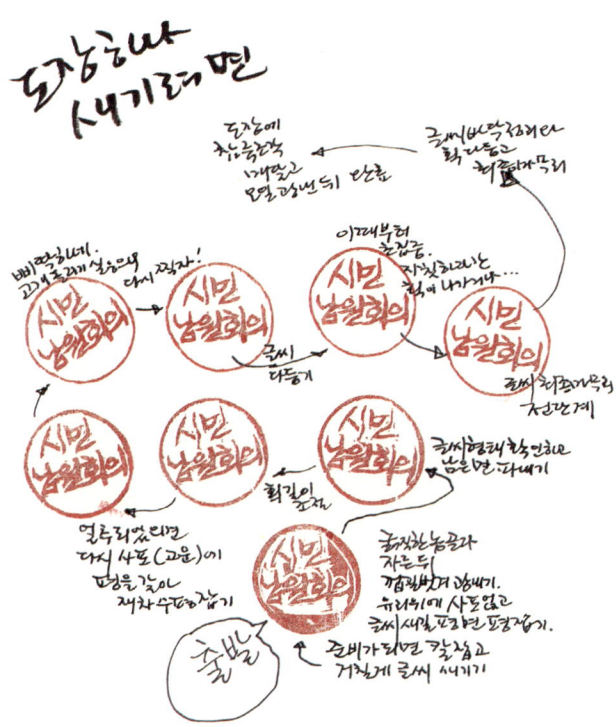

*수제 도장 새기기 강좌를 2017년 12월 9~10일에 1차(13명)로 열었고, 2차(14명)로 2018년 1월 13~14일에 열기로 했다.

탱자나무 꽃
  (2017.4.20)

막내아들 찬이만 했을까.
아니, 찬이보다 두어 살 더 먹고 한결이보다 두어 살 어린 열 살쯤.
내가 태어나고 자라던 보성 장거리 고향 집 건너편은 과수원이었다. 마당을 나서 활처럼 구부러진 논배미를 걸어가면 촘촘하고도 짱짱하게 가시를 걸고 선 탱자나무가 과수원을 야물게 지키고 있었다.
과수원 울타리 안으로는 먹을 것이 지천이었다. 노지 딸기(당시에는 비닐하우스가 거의 없던 시절이라 제철에나 새콤달콤한 딸기를 먹을 수 있었다.)랑 수박, 자두, 복숭아, 감, 밤이 넘쳐났다.
그러면 뭐하나. 뚫고 들어갈 수가 없으니 그림의 떡이지.
중학생이 된 우리는 마침내 그 탱자나무 울타리를 뚫고 서리를 시작했다.

"탱자나무 잔 비여오니라."
이웃 박센 아재가 우리 집 마당에 덕석을 던져놓고 발로 툭툭 차 펴신다.
"멋허실라고요?"
"보믄 몰겄냐? 윷 맹글라고 그라재."
턱으로 가리키는 덕석엔 쑥물로 그린 말판이 있다. 오늘 마을 어른들 윷 한 판 놀기로 했단다. 윷 만드는 재료로는 탱자나무만 한 게 없다고 했다.
"얼마나 큰놈으로 비여오께라우?"
"니 자지만 헌 놈으로."

지금은 많이 보이질 않는다.
내 어릴적 추억이 가득한 탱자나무.
가시 짱짱하게 걸고 자득히 딸기를
거뜬히 지키고 섰던 탱자나무.
탱자꽃 그리워 집 앞에 서너그루 심었다.

"히히히."
아부지 연장통에서 톱을 찾아 들고 논배미를 지나 건너편 과수원 울타리로 간다.
오줌 마려울 때면 커지는 자지만 한 굵기 탱자나무를 찾아 베어왔다.
"워따 실허시. 니 자지가 요라고 크냐? 허허허."
박센 아재는 탱자나무 가지를 요리조리 보다가 엄지 한 마디 길이로 자르고 짜구로 반을 갈라 네 조각을 만든 뒤 토방 시멘트 바닥에 문질러 평을 잡았다.
"아짐헌티 가서 술잔 한나 갖고 오니라."
하얗고 도톰한 사기잔을 갖다 드렸다.

지금은 탱자나무 울타리가 아주 귀한 시절이 되었다. 어쩌다가 탱자나무를 보면 반갑기도 하거니와 아련하게 어렸을 적 생각이 난다. 보드란 연녹색 새순이며 하얗고 고운 꽃, 꽃 진 자리에서 솜털 보송한 채 굵어지는 탱자, 노랗게 익은 탱자를 물어뜯으면 입 안 가득 밀려오던 쓴맛. 아버지는 탱자나무 울타리를 만들 때 노랗게 익은 탱자를 주워 모았다가 한 자 간격으로 하나씩 묻었다. 이듬해 소복하게 올라오던 탱자 싹.
흔전만전한 탱자 싹을 하나씩 남기고 솎아주었다.
올해 어린 탱자나무 다섯 그루를 심었다.
혹시 아나? 내 어릴 적 추억을 고스란히 재현할 어떤 녀석이 탱자나무 앞을 기웃거릴지.

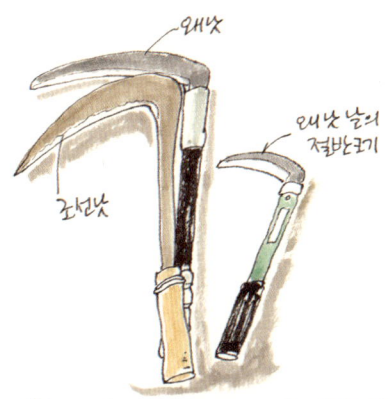

밭을 갈지 않는 무경운농사에 쓰는 오른쪽 낫.
날이 짧아 작물 사이에 난 풀을 베어내기 쉽다.
풀 밑동과 흙 사이로 날을 집어넣어 생장점을
잘라내기도 한다.
풀을 베어서 제자리에 눕히면 자연스레
멀칭효과가 있고 삭아서 거름이 된다.

작은 낫
(2014.4.2)

우리는 10년 넘게 밭에 기계를 쓰지 않고 무경운 농사를 짓는다. 가끔 풀을 뽑기도 하지만 주로 낫으로 풀을 베어 눕힌다. 호미는 씨앗이나 모종을 심는 데 주로 쓴다.
풀이 작물의 성장을 방해하지 않는 선에서 베어 눕히면 풀은 자연스럽게 밭 멀칭재*가 되고 시간이 지나면서 삭아 거름이 된다.
호미로 풀을 매자면 뿌리까지 뽑아내야 하므로 힘이 많이 들지만, 이 짧은 낫을 쓰면 훨씬 쉽다.
풀 바로 밑 흙을 살짝 깎듯이 하여 풀 생장점을 잘라준다.
흙에서 쓰기 때문에 굳이 숫돌로 날을 세울 필요까지는 없다.
날이 무뎌지면 그라인더 숫돌 날로 한 번 문질러 주는데, 이때는 회전 방향에 조심해서 불꽃이 앞쪽으로 튀도록 갈아야 안전하다.
철물점이나 농기계 파는 곳에서 쉽게 구할 수 있다. 한 자루에 2500원 정도.

*멀칭재: 흙을 덮는 데 쓰는 비닐 등과 같은 재료. 멀칭에는 크게 유기물과 무기물 재료를 쓴다.
　　　유기물 재료로는 거름, 나뭇잎, 짚, 풀 따위가 있고, 무기물로는 검은 비닐을 흔히 쓴다.

예초기

(2017.7.8)

시골살이 시작한 지 16년이 되어간다.
집을 짓고 농사를 지으면서 이런저런 연장들을 장만했는데, 아주 값비싼 건 아니지만 이것저것 그런대로 물색을 갖춰놓게 되었다. 예초기도 그 가운데 하나.
지금 예초기는 두 대째이다.
예초기를 한마디로 말해보라면 '빠른 만큼 위험하다'고 대답하겠다.
낫으로 베면 온종일 걸릴 일을 두어 시간 안에 끝낼 수 있을 정도로 작업량에 차이가 난다.
낫질은 내 힘 닿는 대로 작업량이나 시간을 조절하지만, 예초기 작업을 시작하면 한두 시간은 내처 일하는 수가 많다.
등에 걸머진 예초기는 시간이 지날수록 무거워지고 윤활유를 섞은 휘발유는 매캐한 매연을 뿜어댄다. 눈도 목도 따갑다. 날 회전으로 생긴 진동은 손목과 팔, 어깨로 올라온다. 작은 돌멩이가 수없이 튀어서 한시도 긴장을 늦출 수가 없다. 특히 조금만 부주의해도 벼포기나 농작물, 이제 갓 심어놓은 어린나무들을 댕강 잘라버릴 때가 많다.
아차 했을 땐 이미 뎅겅 잘린 뒤다. 자책하면 뭐하나? 묘목값이야 몇 천 원 한다지만 2~3년 세월이 날아가는 거다.
특히 묘목 심어놓고 자주 가서 돌볼 수 없는 분들 어쩌다 가보면 풀이 나무를 뒤엎고 있다.
예초기부터 들이대면 몇 그루 꼭 날아간다.
그래서 묘목을 심으면 꼭 지주대를 꽂아서 표가 나도록 해두는 게 좋다.
풀이 많이 자랐을 때는 미리 나무 둘레를 낫으로 정리하고 예초기를 돌리는 게 확실한 방법이다.
발목과 무릎보호대를 차고 장화나 안전화를 꼭 신고 보안경을 쓰는 것도 안전을 위해 반드시 지켜야 한다. 빠른 만큼 위험하기 때문이다.

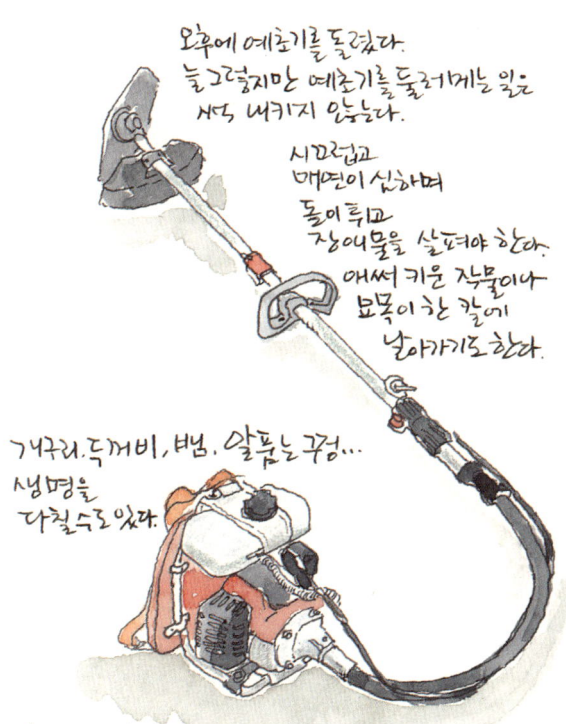

오후에 예초기를 돌렸다.
늘 그렇지만 예초기를 돌려매는 일은
썩 내키지 않는다.

시끄럽고
매연이 심하며
돌이 튀고
장애물을 살펴야 한다.
애써 키운 작물이나
묘목이 한 칼에
날아가기도 한다.

개구리, 두꺼비, 뱀, 알 품은 꿩...
생명을
다칠 수도 있다.

무엇보다 힘든 것은
메는 시간이 길어질수록 무장 무거워진다는 거다.

나무이사 계획
(2017.3.31)

산수국은 축담뒤 그늘로 심고
피라칸타는 낙현씨네 주고
백목송은 동쪽 언덕으로… 참조팝을 베고
오죽을 들어내고 비자는 보자… 제곳데로
나눠심고.
탱자는 열루 심나…
정금이랑 수수꽃다리는…
실유카오문 마당아래 심고…

옥잠화순

재판 2017. 3. 31

고재 다탁 다리
(2014.6.9)

일도 하기 싫고…, 꾀가 나서 목공놀이를 하기로 했다.
목공을 하는 대신 양파를 거두는 일에서 빠졌다.
아내와 한결이, 청아와 호정이(홈스쿨러 가정연대 아이들), 찬이가 밭일을 한다.
말이 목공놀이지, 나는 목공을 배운 적이 없다.
어디 목공뿐일까? 사실 어느 것 하나 제대로 배운 적이 없다.
제도권 교육의 '혜택'을 누리지 못한, 아니 안 한 것이 더 맞을 듯하다.

"도대체 이런 거 다 어떻게 하세요?"
"아, 이거요? 학교를 안 다니면 되어요. 허허허."
뭐 나는 제대로 대답을 한 거다. 받아들이기 나름이겠지만.
진정한 목공이라면 내 어렸을 적 본 내 아부지 정도는 되어야 할 거다.
줄로 날 세운 톱 한 자루, 짜구와 망치, 끌 몇 자루.
아부지는 나무를 알고 그 목질을 파악한 다음 거기에 알맞게 주변에 있는 나무로
이것저것 손수 만드셨다.
겨울이면 볕 잘 드는 마당에 앉아서 짜구질하는 아부지를 한참이나 지켜보는 일.
참 행복했던 기억이다.
목공뿐만이 아니었다. 장 구경을 가보면 수수 빗자루나 빨랫방망이나 덕석이나, 팔려고 내놓

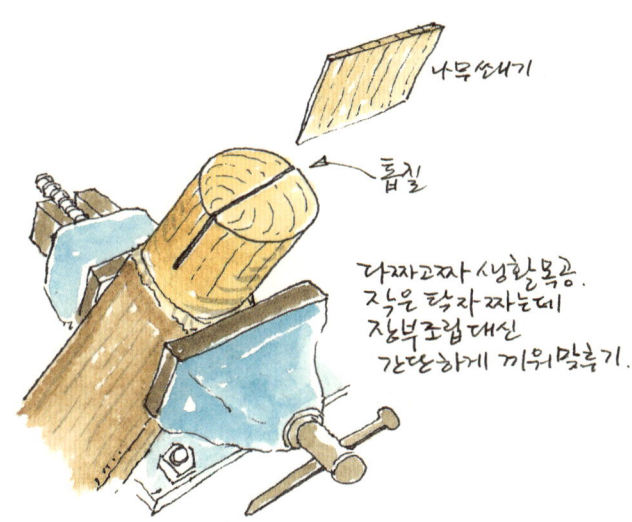

은 그 무엇도 우리 아부지 손 맵시를 넘어서는 게 없었다.
지금은 연장도 참 많다.
나만 해도 엔진톱, 각도절단기, 직소, 대패, 원형톱, 샌더, 드릴, 그라인더 따위 생활목공에 필요한 기본 공구들이 더러 있다.
아직 구하고 싶은 연장들이 쌔고 쌨지만, 지금 당장 그걸 구할 여력도 없거니와 서두를 일도 없다. 되는대로 하면 되니까.

오늘은 다탁을 몇 개 만들 작정이다.
아주 오래된 송판.
마룻장으로 쓴 흔적이 있다.
이 마룻장은 겸면 심 면장님 댁에서 얻어왔다. 새집을 지어놓고 아주 커다란 아궁이―그 아궁이는 나무 깔판 한 장을 통째로 던져 넣어도 될 만치나 컸다―에 불을 넣고 있었는데, 우연히 들렀다가 그 댁 형수님한테 얻은 거다.
그냥 묵은 때만 벗기기로 했다.
찍찍이 사포를 대고 갈아내니 먼지 냄새가 확 올라온다.
마스크나 끼고 할걸…. 그래도 내친김에 그냥 밀었다.
콧구멍이 무지하게 뻑뻑하다.
그리고 손 사포로 열심히 문지르기 시작.
사실 내가 하는 목공놀이의 끝은 이 사포질이다.

사포질을 얼마나 공들여서 하는가에 따라 물건의 질이 달라지는 것을 알기에.
다만 한 번에 오래 할 수 없다는 단점이 있다.
이럴 땐 뻑뻑한 콧구멍 후비면서 담배 한 가치 빨아줘야 한다.
송판을 뒤집어보니 지금은 잘 쓰지 않는 큰톱 자국이 거칠게 나 있다.
오로지 튼튼한 힘살을 움직여 통나무로 판재를 켰을 '옛사람들'을 잠시 떠올린다.
아랫면은 그냥 톱질이 적당히 남도록 그라인딩 시늉만 냈다.
이 흔적을 없애버리는 일은 옛사람들의 존재를 부정해 버리는 느낌이 들어서.
이제 다탁 다리를 해 박을 차례.
아주 오래된 소나무 각재.
이 각재는 부안 살 적에 구했다. 제법 규모 있게 살던 집 부엌문 위 바람이 살랑거리게 만든 자리에 촘촘하게 꽂혀 있던 살이다.
내 손에 들어온 지 10년도 넘었는데 이렇게 쓰일 줄이야.

판재에 지름 28짜리 구멍을 뚫어놓고 이제 다리를 만든다. 목선반이 없으니 그라인더로 동그랗게 갈고—이걸 잘 갈아야 다리가 수직으로 선다. 그리고 가운데 톱질을 한다.
구멍 크기가 얼추 맞으면 다짜고짜 뚜드려 박는데, 막무가내로 우겨 박다간 송판이 쪼개지기도 한다. 가운데 톱질 홈에 참죽 얇은 거 켜둔 것을 또 때려 박는다.
그리고 사포질.
못 없이 얼렁뚱땅 다리를 해 박았다.

주걱
(2009.7.10)

날이 뜨겁다.
아내는 오디로 잼을 만들고 있고, 나는 장작을 마련하면서 나온 나무 찌꺼기들을 밭으로 져내다가…아 정말 덥구나!
그래서 또 뻘짓을 하고 있다. 아이들 미끄럼틀을 설치하는 중.
그러고 있는데 아내 목소리가 들린다.
"솔이 아빠, 주걱 있자나. 나무주걱. 쪼매난 거랑 큰 거 있는데 중간치 있었으믄 좋겠구마는…. 우에 생각하노?"
"……."
뭘 '우에 생각하노'야? 그냥 하나 '맨들어 조' 하면 될 일을….
어쨌거나 중간치 주걱이 하나 있으면 좋겠다는 마님 분부에 작업 시작.
"요걸로 두어 개 만들 건데 요만하믄 되겠나?"
판재를 보여주고는 일단 직소로 주걱을 오려낸다.
직소는 수직으로 톱날이 왕복하면서 나무나 얇은 철판을 잘라내는 공구인데 꼭 하나 장만해 두는 게 좋다.
움푹한 자리를 파낼 때 쓰는 날이 둥근 짜구는 몇 년 전 전주 시내 지나가다 대장간이 보이길래 무작정 들어가서 "요래조래 요만조만헌 것이 필요허니 하나 맨들어 주시오." 하여 그 자리에서 만들어 온 거다.
구유 속을 파내거나… 하여간 일반 평짜구로 하기 어려운 일을 할 때 아주 쓸모가 많다.
알맞은 연장이 일의 능률을 올리는 법.
주걱 날 부분을 살짝 파냈다.

'좀 두껍나? 투박해도 머 그냥 쓰라고 허지 머.'
이런 거 오래 붙들고 있으면 시간이 아깝다.
대충 다듬은 뒤 해바라기 사포 날 끼워서 '문때' 버렸다.
그런데 이걸 본 마님이 뭐라 뭐라 한다.
"그거 누가 동그랗게 파내라고 하드나? 큰 거맨쿠로 평면으로 맨들어 돌라칸 거다. 쓰는 사람이 원하는 대로 해조야지…."
끄음…….

그냥 납작하게 만들라고 했다는 거다. 난 그런 얘기 들은 기억이 없는데?
살짝 기분이 틀어지려고 하지만, 애초 안 만들었으면 모를까 고객께서 원하는 대로 만들어 드려야 뒤탈이 없다.
대패로 확 밀어서 납작하니 날렵하니 끝냈다.
다시 만든 거를 아직 마님께서 안 봤는데 마님 맘에 쏙 들었으면 좋겠다.

구유
         (2011.3.4)

어제부터 마당에 가져다 놓고 심심할 때 한 번씩 둥근 짜구로 쳐내고 끌로 파내고 하던 녀석.
구유.
뭐 소 돼지 키울 일 없으니 마소 밥그릇으로 쓰려는 것은 아니고.
오랜 옛날에 어른들은 산에 가서 하루 만에 구유를 만들어 왔다고 한다.
어렸을 적 아부지에게 들은 내용을 옮겨보자면, 생나무를 잘라 도끼와 짜구로 속을 적당하게 파내고 그 자리에 불을 피웠다고 한다.
이를테면 건조를 위한 것이겠지.
그래서 수분이 빠지고 적당히 마르면 해거름에 지고 내려와서 다듬었다는 거다.
그거 따라 한다고 나도 생나무를 엔진톱으로 파내고 불을 피워 두었는데, 마당가에서 하릴없이 비도 맞고 눈도 맞은 채 2년 동안 굴러다니던 구유이다.

구유만 뚝딱거리고 있기 뭐해서 뒷밭 매실나무 가지치기를 했다.
아주 높은 가지는 나무에 올라가서 치고 어중간한 높이 가지는 작은 사다리에 올라가서.
한참 가지를 치는데 바로 옆 닭장에서 시끌벅적 난리도 아니다.
장닭이 두 마리 있는데, 흰 놈이 서열 싸움에서 이긴 뒤 붉은 놈을 아주 쥐 잡듯 하는 거다.
나중에 알고 보니 벼슬이 자꾸 커지는 놈이 있던데 이 녀석도 수탉.
열셋 가운데 세 마리가 수탉.
한 마리는 아랫말 진규네 보내고 한 마리는 무주로 장가보내면 되겠다.
닭장에 갔다가 닭장 바닥이 두꺼워서 삽으로 거름을 파냈다.
고추 심을 밭으로 담아내야지.
내가 하는 게 이렇다.
이거 하다가 저거 하다가… 어 밥때네! 하고 들어와서 어… 밥을 아직 안 차렸네! 하고서 도로 마당으로 나가서 구유를 파낸다.
엔진톱으로 한 번 더 다듬은 뒤 몇 군데 끌질하고는 그라인더에 해바라기 사포 날 끼워서 냅다 갈아냈다.
이제 이 구유는 집 안에 들어앉아 호강하게 되었다.
아주 오래된 구유는 골동품처럼 귀히 여기는데, 이 구유는 한 오십 년 뒤쯤 골동품이 되어 있지 않을까?

엔진톱으로 거칠게 다듬다

옛날 구유를 만들어 쓰던 시절에 어른들은
하룻만에 만들어서 지고 내려왔다 한다.
    ↑산에서
생나무를 자르고 도끼와 자귀로 속을 파낸뒤
불을 붙여 말린뒤 지게로 져 내렸다는 거.
그리고 며칠 두었다가 시나브로 다듬었다는데
지혜로움이 보이는 이야기로구나 싶다.

쟁반 하나

(2014.12.22)

2002년 첫 귀농지 전라북도 부안 진서면 중마동 마을.
마을 가운데 구옥 한 채와 창고 채가 있고 그 앞에 2천 평 너른 밭이 있던 자리.
"삼촌은 나갈 생각 말고 계속 살믄 좋겄어."
서울에 사는 주인아주머니는 헌 집을 내 집처럼 손을 봐가면서 사는 우리가 맘에 들었던 모양이다.
중마동 마을은 찻길에서 숲속으로 살짝 들어가 있는데, 길 건너편으로는 바로 작당마을 개펄이 펼쳐져 있어 틈만 나면 나가 맛조개를 잡았다.
마을 이장을 하던 영구 형이 써개(맛조개를 구멍 속에서 끌어 올리는 도구)질을 알려주었는데 바로 따라 했더니
"음마? 자네가 솔찬히 손재주가 좋네이." 했다.
맛조개가 숨어 있는 곳엔 좁쌀만 한 숨구멍 두 개가 뚫려 있고 네발 쇠갈퀴로 펄을 찍어내면 메추리알만 한 구멍이 보인다. 이 구멍 안에 써개를 집어넣는데 깊은 건 두 자까지 들어간다.
써개가 수직으로 서 있는 맛조개를 스치고 지나갈 때 사그락거리는 촉감이 온다. 그 촉감을 지나자마자 써개를 90도로 돌려서 조심스럽게 들어 올리는데 서툰 사람은 좀처럼 잡아 올리지 못했다. 성질 급한 동네 윤기 형은 써개질이 적성에 맞지 않는다며 삽으로 맛조개를 잡았다. 1미터 남짓 구넝이를 파고 들어앉아 개펄을 허물어가며 맛조개를 잡는데 아주 고돼 보였다.
어느 날은 맛조개 잡으러 나갔다가 개펄에 박혀 있는 작은 판자 하나를 주웠다. 아주 오래되어 보이는 판자는 소금물에 절어서 썩지 않고 제 모습을 하고 있었다.
살아 있는 나무도 좋지만, 이미 써먹고 버려진 나무들도 좋아하는지라 그 판자를 주위와 물에 깨끗이 씻어 말렸다. 무척 가벼운 소나무 판자이다.
생강나무 가지를 깎아 테두리에 대고 대나무 못으로 고정.
집에 손님들 찾아오면 찻잔을 받치는 쟁반 용도로 썼는데, 보는 사람마다 나무받침을 보며 좋아라 했다.
비싸다고 다 좋은 건 아니구나 싶다.
사람 손이 많이 가지 않고 자연스러운 것이 더 살갑다.

비 싸다고 다 좋간디?

십년도 넘었다.
부안 짐서 바닷가 줒바둥마을 살적에 벌에갔다가
판때기하나 줏어왔다. 너비는 한뼘 기럭지는 뼘가옷.
뺃득뺃득 볕 씻어놓은 소나무판자.
엊다 썼었는지 멫살이나 묵었는지 알길없는 판때기.

마눌아 늦둥이 낳닥며   달여 멱일라고   뒷산 생강나무
가지 잘라왔는디   새끼손가락만헌 놈
                                                멫개

                              껍닥 벗겨서 판때기
                              가상에 대고 대나무깎아서
                              박아주었다.

손님들 오면 주전부리며 찻잔 올려 내놓는데 열이면열
하나같이 오라조리 뒤집어보며 좋아라한다.
세련되고 맨드롬해 비싼것만 좋은것이 아니라는 것을
손님들 얼굴 봄서 안다.

2014 겨울밤

재봉틀
            (2017.7.4)

내 열 살 무렵 문간방 동창 아래 재봉틀이 놓여 있었다.
큰형수님이 시집오면서 혼수로 장만해 온 재봉틀.
줄을 벗겨 놓으면 재미 삼아 들들들 발판을 눌러 돌리기도 했고, 여름에 잠들기 전 재봉틀 다리를 만지면 참 시원했던 기억이 난다.

하루는 형이랑 누나가 재봉틀 돌리는 걸 구경하다가 바늘 밑에 천을 뒤로 밀어내는 오돌토돌한 게 신기해서 만지는데 드르륵… 하면서 검지 손톱에 바늘이 여러 번 왔다 갔다 했다.
아픈 거보다 놀랐던 기억이 난다.
손톱에 구멍이 뚫려 피가 났고 피를 본 나는 아주 목 놓아 울었다.
형이 재떨이에서 담배꽁초를 가져다가 까서 헝겊으로 싸매주었다.

"아야 재관아, 실 잔 껴주라이?"
"엄마는 안 보이간디?"
"금메 말이다."
엄니가 침침한 눈으로 바늘에 실 꿰기가 버거우면 나를 불렀고, 기름칠을 하거나 북실을 갈면서 나도 자연스럽게 재봉틀을 돌리게 되었다.

45년쯤 된 재봉틀.
귀농하고 나서 문득 재봉틀 생각이 났다. 재봉틀은 고향 집에서 먼지를 뒤집어쓰고 있었다.
집으로 가져와 창고 한쪽에 세워둔 지 꽤 되었는데, 마침 허리도 시큰하게 아파서 농사일은 못하겠고 엎어진 김에 쉬어가자 하고는 재봉틀을 고치기로 했다.
재봉틀 몸체가 올라가 있던 본래 틀은 낡아서 모두 떼어내고 상판을 갈기로 했다.
참죽나무 두께는 27mm, 폭은 210mm.
원래는 재봉틀 몸체를 판재에 고정하고 다 쓴 뒤 밑으로 집어넣도록 만들어야 하는데,

재만아, 미싱에 실 좀 꺼주라.
고향집 아래채 툇마루에서 재봉틀을
엄마는 틈나는 대로 들들들 재봉틀을 돌렸다.
나는 단번에 실을 끼우고는 우쭐댔다.

엄마 실 꺼뜨리면서 재봉틀을 배웠고
기름칠을 했고 줄이 떨어지면 잇거나 느슨한
북실을 매만져 조절했다.
나는 어린 미싱기술자였다.

엄마는 가시고 재봉틀만 남았다.
엄마가 그랬던 것처럼 나는 찬이를 부른다.
찬아, 미싱에 실 좀 꺼주라.

'굳이 그럴 필요 있나? 그냥 쉽게 쉽게 가는 거지 뭐.'
혼자 구시렁대면서 재봉틀 몸체를 올려놓도록 참죽나무 판재를 따냈다.
직소, 드릴, 그라인더 그리고 각도절단기, 목공용 본드, 나사못, 방청유(금속에 녹이 스는 것을 막기 위하여 바르는 기름)….
판재 두 장을 고정한 뒤 다시 이 판을 재봉틀 다리에 고정했다.
곡성 장날 사온 재봉틀 가죽 줄을 길이를 맞추어서 연결해 주고. (옛날에 가죽 줄이 다 삭아서 떨어지면 아이들 줄넘기를 잘라 임시방편으로 쓴 적도 있다. 자동차 팬 벨트 끊어지면 스타킹을 쓰듯.)
묵은 때 벗겨낸 쇠붙이에 검정 래커 칠을 하고 참죽나무에 올리브유 발라 뽀득뽀득 문지르고 재봉틀 몸체 청소하고 닦고 조이고.
아주 새 재봉틀이 되었다.
재봉틀 안 쓸 때 덮어씌울 덮개도 하나 만들었다.
재봉틀이 돌아가기 시작하자 바짓단을 줄이거나 일하다 찢어진 일옷을 기워야 하는 일이 줄을 이었다.
옆집에서도 바짓단 줄여달라며 일감이 밀려오기도 한다.
어렸을 적 내게 재봉틀을 가르쳐 주셨던 엄마는 가고 없지만, 엄마의 재봉틀은 곁에 남았다.

재관아
이리 잔 오너라
엄니는 실타래를 내 양손에 걸어주고
실을 감습니다
짱짱하게 잡아야써...
안그라문 헝클어징께.
금방 끝날 것 같더니만 이노묵 실타래는
왜 이리 더디게 줄어드는지.
슬슬 지겹고
이리저리 주뎅이 트는 놀 보더니
앉아 이리주라. 엄니 혼자해도 되께.
엄니는 양쪽무릎팍에 실타래 걸고
혼자 실 감습니다.
40년전 이야기네요.
오늘 아빠와 막둥이 찬아가 딱 그때 모습으로
앉아있군요.

2012. 1. 20
찬주이

실패와 실타래
   (2012.1.20)

아이들이 가만 앉아서 뭔가 진득하게 하기란 꽤 어려운 일이다.
금세 싫증이 나게 마련.
엄마가 장에서 하얀 실타래를 사오셨다. 그리고 그 실타래 잡는 일은 엄니랑 눈 마주친 내 몫이 되었다.
"이리 잔 오니라."
엄지장갑 끼듯 양손에 실타래를 걸고 엄마가 실패에 실을 감는 대로 팔을 움직이며 실을 풀어줘야 했다. 엄마의 빠른 손놀림을 따라 내 두 손도 왔다 갔다 한다.

실이 느슨하게 처지지 않도록 알맞게 긴장을 줘야 한다.
그런데 이 실타래가 좀처럼 줄어드는 기색이 없다. 슬슬 좀이 쑤시기 시작하고 몸이 배배 꼬인다.
몸은 엄니 앞에 있고 마음은 동구 밖에 가 있다. 급기야 실이 헝클어진다.
"요라고 잘 잡으랑께."
"힝! 오짐도 매로운디…."
이상하게 안 마렵던 오줌까지 마렵다.
입이 삐쭉 튀어나오고 주리를 틀기 시작하면 엄니는 그제야 당신 양 무릎에 실타래를 걸어놓고 나를 풀어주었다.
마당으로 뛰어나와 오줌 누는 것도 잊고 쏜살같이 동무들 노는 데로 달려갔지.

옛날에 실타래 놓고 마주 앉았던 엄니 생각이 나서 실패를 여러 개 깎았다.
아내가 막둥이 찬이 데리고 실을 감는다.
내가 딱 저러고 앉아 있었구나 싶은 그림이 눈앞에 펼쳐졌다.

삼태기
(2017.7.10)

이웃 상덕마을 돌아보다가 아내 눈에 딱 걸린 삼태기.
이거 한 번도 써본 일 없는 아내는 좋아라 하면서 그 마을 전 이장 할배한테 말씀드리고 얻었 단다.
나는 이걸 써본 촌놈이다.
두엄도 담아내고, 마당가 검불도 쓸어 담아 밭으로 내고, 콩깍지도 담아다가 소먹이고.
짚으로 만든 거라서 젖으면 안 된다. 그래서 늘 헛간 기둥에 박힌 커다란 대못에 걸어두었다.
뒷집에서는 불기가 남아 있는 재를 담아내다가 연기가 솔솔 나며 삼태기가 동그랗게 타기도 했지. 지금이야 삼태기 쓸 사람 누가 있겠나.
나도 삼태기는 쓸 일이 없네. 가끔 삼태기 보면서 옛날 추억 속을 다녀올 뿐.

숯다리미
(2017.7.12)

아궁이에 불을 피워 밥도 하고 방도 덥히던 시절.
이글이글 얼굴까지 확 뜨겁게 하는 숯불을 담아서 옷을 다리던 다리미이다.
요걸 보고 있자니 중학교 다니던 시절이 생각난다.
그때 조금 형편이 나은 집 아이들은 스마트나 엘리트 교복을 입었는데 꽤 유명상표였다.
입으면 폼도 나고 있어 보이고.
"내는 교복센터나 미도 양장점에서 맞차 입었는데, 교복을 사 입었드나?"
글 쓰는 것을 보고 옆에서 아내가 한마디 거든다.
자기는 교복을 맞춰 입었는데 기성복 허름한 거 사 입었냐는 거지.
겨울에 양식 아낀다고 한 끼는 거르고 한 끼는 고구마를 먹었다는 옛날얘기를 하면, 아내는 같은 시대를 살았다는 사실이 믿기지 않는 듯 나를 바라본다.
도시에서 나고 자라 부유하게 살았으니 그 속내를 어찌 알겠나.
어쨌거나 형편이 어려운 집 아이들은 오일장에서 보이던, 요새 말로 하면 '짝퉁'이겠지. 약간 번들거리는 천으로 만든 교복을 사 입었다.
스마트 교복이나 엘리트 교복은 다리미질을 해도 멀쩡한데, 이 짝퉁 교복은 불에 엄청 약했다. 지금 생각하면 나일론 소재가 아니었을까 싶다.
토요일에 교복을 빨아서 얼추 말라가던 저녁 무렵.
내 딴엔 옷을 다려서 줄을 세워 입을 거라고 숯다리미에 이글거리는 숯불을 담아 바지를 다리기로 했다.
허벅지 안쪽쯤 되는 자리에 푸푸 물을 뿌리고 다리미를 대는 순간,
지이익 소리가 나면서 바지가 녹았고 다리미 바닥만 한 구멍이 나고 말았다.
그걸 어찌 입을 수 있나?
속이 상해 어쩔 줄 모르다가 다시 사달라고 졸랐지만, 결국 타버린 옷을 그냥 기워서 입어야 했다.
숯다리미를 보면 아주 형편이 어려웠던 시절이 절로 떠오른다.
이제는 벽에 걸린 장식품이 되었지만.

딴데친구들이
소매와 옆구리로 고복을 입고댕길 적에
나는 오일장에서 아부지가 사다준
교복을 입었다

바지에 줄세워 입을거라고
숯다리미에 이글이글 숯불 담아
바지에 대자마자
바지가 녹아버렸다.

현역에서 은퇴한지 나이로도 넘은
이 숯다리미는 언제그랬냐는 듯
시치미를 뚝 떼고 있다.

숫돌 잔 갖고 오니라
(2014.10.13)

내 어렸을 적 아부지가 쓰던 숫돌은 검은빛을 띤 기다란 돌이었다. 뒤와 옆은 울퉁불퉁했지만 칼과 낫을 간 자리는 반들반들하게 갈려 있었는데, 물을 뿌려가면서 낫이나 칼을 갈면 끈적한 회색 돌물이 흘러내렸다.
아부지는 삽 손잡이에다가 숫돌을 끼우고 썩썩 낫을 갈았다. 지금은 숫돌 가짓수도 많고 거칠기도 제각각이어서 필요한 숫돌을 구해 쓰면 된다.
또 날물에 따라 유리바닥에 사포를 깔고 날을 세우기도 한다.
썸벅썸벅하게 아부지가 갈아놓은 낫.
써드득써드득 날렵하고 경쾌하게 나락을 베던 낫.
낫에 의존하는 일이 줄면서 이제 낫 날을 세우려고 숫돌 앞에 한참을 쭈그리고 앉아 있던 모습은 보기 어렵게 되었다. 그래도 낫과 숫돌은 바늘과 실처럼 뗄 수 없는 사이고, 시골 마당 수돗가에는 여전히 숫돌 한두 개씩 날 세우기를 기다리고 있다.

숫돌 잔 갖고 오너라

재관아
시양가상에 가서
숫돌 잔 갖고 오너라

석석석석
담뱃재 툭 떨어지고
아부지는 다시 나락을 빈다
나락 서너포기 낫으로 걸어다가
왼손으로 멱살잡듯 딱 움켜쥐고
나락 밑동 찾아간 낫이
싸드득
싸드드득…

저짝에서는
써드득 써드드득…

콤바인 들어갈 자리
나락을 베다가
문득 고개들어 들녘을 본다

옛날
와글바글 왁자지껄
막걸리 냄새 가득하던
그 들녘이
사무치게 그립다

재관 2014 가을

풍로
    (2009.10.2)

부안에 살 때 옆집 광환 할매 댁 처마 밑에 녹슨 채로 처박혀 있던 거다.
이리저리 만져보니 잘 돌아가지도 않고 덜걱거린다.
"시방이야 풍로 쓰가니? 한결 아빠는 손재주 좋응께 고차서 쓰씨요."
그렇게 얻어다가 분해 조립했더니 바람을 만들어낸다.
저 바람 나가는 주둥이에 양철 관을 끼워서 왕겨를 땔감으로 뿌려가면서 밥을 하기도 했지.
이 풍로 말고 고무줄로 돌리는 풍로도 있다.
가끔 한결이가 화목보일러 불을 붙이러 나가면 뒤꼍에서 가르르르 가르르르… 이 풍로 돌리는 소리가 난다.

풍로

첫 귀농지 부안 살 적
옆집 강환 형네 대문 처마 밑에
아무렇게나 뒹굴고 있던 풍로.
"시방이야 쓸 일 있것는가?
한경이 아부지는 손재주 좋은게
갖다 고치쇼."

여기께끼 풀고 조이고
그리스로 발라주고
그렇게 풍로는
포르르 포르르
바람을 만들어 냈다.

곤로조차 귀하던 시절.
풍로 끝에 함석관 꽂아
와헛벽 뎌가며
밥도 짓고 물도 끓이던
일꾼.

내 곁이 우리집 일꾼으로
아직 정정하다.

재떨이
        (2017.7.3)

이런저런 교육받으러 오는 교육생들이나 손님으로 우리 집 찾아오는 분들이 그런다.
"아니, 이 공기 맑은 데 살면서 담배를 피우시면 어떡해요?"
당혹스럽지만 침착하게 대꾸하기.
"공기 좋으니까 담배도 피우는 거죠. 매캐한 도시 속에서라면 벌써 끊었죠."
물론 이건 궤변이다.
20대 초반에 배운 담배는 옥살이 때 강제로 참아야 했고 목 수술 때 참았고, 또 어쩌다가 맘이 동해 1년, 3년 반, 이렇게 틈틈이 참았으나 지금은 그냥 피운다.
담배를 심어 길러 잎을 따서 말리고 썰어서 말아 피우기도 했는데, 그도 귀찮아 이젠 그냥 사서 피운다.
그나저나 담뱃값은 왜 안 내리는 거야?

달걀말이
(2017.8.24)

느닷없이 살충제 달걀 파동 때문에 온 나라가 시끄럽다.
우리는 10년 넘게 닭을 키우고 있다. 많은 때는 병아리까지 5~60마리 정도.
때 되면 암탉들이 너도나도 알을 품고 싶어 해서 둥우리를 따로 만들어 주어서 알을 품도록 해 줘야 한다.
닭을 기르면서 시중 사료 사 먹이지 않고 풀어놓고 기른다.
잠시 가두더라도 풀 먹이고 흙 목욕하게 하고.
닭을 키우는 일은 여간 손이 많이 가는 게 아니다. 그렇게 손수 닭 키워서 달걀 얻으니 걱정할 거 없지만, 온전한 먹을거리가 과연 몇 가지나 될까 꼽아보는 게 빠를 만치 이제 우리는 우리 입으로 들어오는 먹을거리의 이력조차 제대로 알지 못한다.
어디 닭이나 달걀뿐이겠는가?
살충제 달걀 파동 속에서도 우리는 직접 키워 얻은 달걀을 열 개나 풀어서 두툼한 달걀말이를 만들어 먹었다. 손수 하니 과소비도 가능하다.

흙 파뒤집고
풀 뜯어먹고
시중사료 안먹이고…
그 닭이 낳은
달걀말이.

2017 재관
8.24

닭은 A4 한 장 크기 케이지 안에
갇혀서…
흙을 헤집지도, 홰 묶도 못한채
참 불쌍합니다.
사람욕심이 이리 만들었습니다.

못줄의 추억
(2017.6.8)

모내기철이 되면 헛간 한쪽에 세워둔 못줄을 챙기는 건 늘 내 몫이었다.
모내기가 끝나면 물에다가 통째로 담가 철벅철벅 헹궈서 잘 말려서 다시 제자리 가져다 두는 일까지.
그런데 이제는 못줄 보기가 어렵다.
부지깽이도 한몫 거든다는 모내기철이면 남녀노소 가릴 것 없이 사람들이 가득 들어찼던 들녘엔, 지금은 굉음이 요란한 트랙터들이 돌아다닌다.
쟁기질에 써레질을 하던 소는 축사에서 노란 표 딱지를 귀에 달고 사료만 먹으며 살을 찌운다.
한 줄로 주욱 늘어서서 "어이! 어이!" 못줄잡이를 하던 마을 영감님 대신 승용 이앙기가 촉촉촉촉 소리를 내면서 모를 심는다. 사람은 그저 거들 뿐.
화석연료가 바닥을 드러내고 대형 농기계가 멈춰서면 그 자리에 누렁소와 사람들이 들어설 수 있을까?
우연히 못줄을 한 벌 구해서 쓰고 있다. 귀농 초기엔 여럿이 모여 못줄을 띄우고서 모내기도 했지만, 지금은 밭고랑이 틀어지지 않게 파 올리거나 콩 모종을 내거나 할 때 쓴다.
쓰임새를 다하고 사라져가는 것들이 어디 못줄뿐일까.

못줄의 추억

나가고 싶다
젖은 논둑으로.
차박차박 무논바닥
쫄로리 한 줄로 서서
왁자지껄 모를 내던
그 논으로
가고 싶다.

내 팽팽한 줄에 맞춰
축축축축 젖은 손놀림으로
모를 심던 사람들은
다 어디로 갔을까.

아직도 짱짱하게
현역으로 뛰고 싶은 나는
창고바닥에 기대서서
하염없이 기다린다.
논둑으로 나갈 날을.

2017. 6. 8

하 요시키 봐라?
(2017.3.27)

하…
요시키 바라?

나락방아 찧으려고 구들방에 가니
쥐새끼 한마리가 나락포대를
아작내고 있네?

용서할 수 엄따!

나락포대를 새로 쌓고
청소를 하고서 곰곰 궁리하다가

오래생긴
쥐덫 두개 떠올랐다.

꼬매난 고구마 반으로잘라
설치했다.

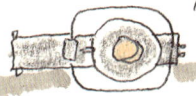

오늘아침에 가보니
쥐덫 두개 가운데 하나가 안보인다!
고구마 부스러기가 흩어져 있다.
한참 찾았더니
이 놈
뒷다리 덫에 걸려있다!
이 쥐박이시키!
엄청 기분좋다~!

장독화분
(2017.7.11)

보통 장독간은 우물 옆 해가 잘 드는 곳에 자리를 잡고 있다. 장독간에 가지런히 놓인 장독은 그 집안 밥상 살림을 책임지는 아주 중요한 일을 한다.
시간 날 때마다 엄니는 물 담은 대야와 행주를 가져다가 쉬이 쉬이 입으로 소리를 내면서 장독을 닦았다. 장독은 늘 정갈했지.
그런 장독들이 나이를 먹어 더러는 형체도 가늠하기 어렵게 산산조각이 나기도 하고, 더러는 밑이 빠지기도 하면서 그 쓸모를 다한 채 굴러다닌다.
누군가 열심히 빚어서 세상에 나왔을 장독.
된장도 담고 간장도 담고 김치도 담고… 장독 노릇 다하다가 실금이 가면 철사로 동여매 더는 벌어지지 않도록 하고는 소금을 담아 간수를 빼는 용도로 쓰고.
어렸을 때 보고 자란 장독간 모습이 기억에 남아서일까?
번지르르한 새 장독보다 투박해도 오랜 세월을 몸에 새기고 있는 헌 장독에 정이 더 간다.
잘게 부숴 타일처럼 쓰기도 하고 그라인더로 다듬어서 화분으로도 쓰고.
깨지면 깨진 대로 또 제 몫을 하는 장독.

나이든 장독.
실금이 갔다. 어렸을적 아버지는 철사로
장독을 동여매서 소금을 담아 간수를 뺐다.
아버지하시던 대로 따라했다.
 장독은 생명을 더 연장했고 또다른
생명을 보듬아 키우고 있다.

단호박

(2017.8.4)

내 어렸을 적엔 단호박을 본 적이 없다.
나중에야 알게 되었는데 단호박은 남아메리카의 고원 지대가 고향이라 한다. 뉴질랜드, 멕시코, 일본 등지에서 주로 심었고 한국에는 일제 강점기인 1920년대에 들어왔는데, '왜호박'이라며 꺼리다가 1985년 이후 제주도와 전라남도 해남 등 남부 지역에서 일본 수출 목적으로 심기 시작했다고 한다. 이러니 내 어렸을 땐 단호박을 볼 수 없었겠지.
부안으로 귀농했을 때 아내는 나이 마흔에 막둥이 찬이를 낳았다.
푸석해진 얼굴. 부기를 빼는 데는 청둥호박을 달여 먹는 게 좋다 해서 구하려는데 쉽지 않았다. 늙어서 겉이 단단하고 속의 씨가 잘 여문 호박을 '청둥호박, 늙은 호박, 맷돌호박'이라고 부른다. 부안 읍내에 갔다가 상서면을 지나는데 한 농가 텃밭 울타리에 호박이 탐스럽게 익어 있었다.
호박이다! 망설임 없이 그 집으로 들어가 호박을 사고 싶다고 했다.
얼마를 줬던지 기억이 나질 않지만, 호박을 사 들고 나올 때의 뿌듯함은 아직도 생생하다.
호박을 많이 심어야지.
호박에 포한이 들어서였을까?
이듬해 호박 구덩이를 여러 개 팠고 두엄을 가득 채운 뒤 호박씨를 심었다.
호박 넝쿨은 비닐 없이 뼈대만 앙상한 하우스 대를 지지대로 삼아서 너울너울 자랐고, 그해 가을 원 없이 늙은 호박을 땄다.
올해는 오랜만에 단호박과 맷돌호박을 심었다.
아내 손바닥만 한 연한 호박잎을 따다가 가시 돋친 까칠한 껍질을 벗겨내고 찜통이나 밥솥에 쪄서 강된장 얹어 쌈으로 먹는다. 여름내 그리고 초가을까지 먹는 호박잎쌈은 별미 중의 별미이다.
단호박도 땄는데 한동안 갈무리했다가 쪄 먹기로 했다.
단호박은 숙성되면 더 맛이 든다.
호박 구덩이에 거름을 채우고 흙을 덮은 다음 호박 모종이나 씨앗을 심을 때는 호박 구덩이 가운데에 심지 않는다. 거름이 발효하며 열을 내게 되면 모종이 상할 수 있기 때문이다.
호박 구덩이 가장자리에 모종 두세 개를 심으면 자연스럽게 거름 쪽으로 뿌리를 뻗어 양분을 빨아들인다.
내 어렸을 적엔 호박 구덩이 가득 똥거름이나 똥재를 들이붓고 호박씨를 심었는데.
엄마가 끓여주던 호박죽, 달고 보드랍던 호박떡 생각이 난다.

나무 옮겨심기
(2017.4.6)

그러게.
애초에 드문드문 자리를 잘 잡아서 심을걸.
여기저기 빈자리만 있으면 나무를 심었더니 쑥쑥 자라 몸집을 키워서 옮겨 심지 않으면 서로 엉키게 생겼다.
자리가 넓으면야 애초 드문드문 제자리를 잡아 심었을 테지만, 그리 넓지 않은 자리에 나무만 170여 종이 들어서 있으니 그럴 만도 하다.
그동안 가까운 곳에 터를 잡은 사람들에게 나눠준 나무만도 백여 그루가 넘는다.
제자리 잡고서 잘 자라고 있으면 참 뿌듯하다.
내 나이 예순까지 300여 종 나무를 심어서 작은 식물원을 만들고 싶은데, 그걸 이룰지는 아직 모르겠다.
그나저나 온몸을 써야 하는 삽질은 정말 힘들다.
더구나 뿌리에 붙은 흙이 떨어지지 않도록 분을 뜨는 일이라 더 힘들었다.
역시 삽질은 삽질이다.

아… 세월호
  (2017.4.18)

2014년 봄.
지금도 문득문득 그때 세월호를 떠올리면 가슴이 조여 온다.
눈앞에서 생중계되는 침몰현장. 아무것도 할 수 없다는 무력감과 도대체 이런 일이 어떻게 일어날 수 있는가 하는 충격이 뒤섞여서 아무 일도 할 수 없던 기억.
아직도 제대로 밝혀지지 않는 사고 원인과 미처 수습하지 못한 희생자와 그 가족들.
아… 두고두고 되새기게 될 아픈 이름, 세월호.

4.18

대체 이것이 무슨일이더냐.
이것이 말이나 되는 일이더냐.
고추밭 맹글라고 밭에 나왔는디
밭둑에 앉아 하릴없이 담배만
태운다.
눈은 자꾸 진도바닷쪽으로 가고….

갤리그라피
(2014.2.1)

갤리그라피….
이 낯설기만 한 낱말을 들어본 적도 없었던 때.
그저 붓으로 썼으니 붓글씨라 할 뿐, 붓글씨를 따로 배운 적 없는데 여기저기서 글씨를 써달라거나 제호를 부탁받기도 했다. 거절도 못 하고, 그렇다고 자신 있게 내놓지도 못하는 글씨를 쓸 때 참 기분이 거시기하다.
노보를 펴내고 신문을 펴내면서 우연히 어설프게나마 그림을 그리게 되었고, 그 그림에 어울렸으면 좋겠다 싶은 글씨를 찾다가 한겨레그림판 박재동 화백의 만평을 보면서 가슴 뛰던 기억이 새롭다.
그 그림에 딱 어울리는 그 글씨.
음식으로 치면 그 이상의 맛이 없을 그런 음식.
아직도 내 글씨는 그날그날 기분에 따라 제멋대로이지만, 그래도 보는 눈은 있어서 참 맛깔스러운 글씨를 만나면 마구마구 따라 쓰고 싶다.

오죽깎아
글씨써보기.
먹버새
참좋다

오죽깎아
글씨쓴다
먹내음
참좋다

콩밭 앞에서
(2017.8.29)

우리는 손수 가꾼 콩으로 된장을 담가 먹는다. 기름지지 않은 밭 자리를 찾아 콩 모종을 내서 심으면 콩은 너울너울 잎을 키우고 지짐지짐 비를 맞으며 꽃을 피우고 꼬투리를 매단다.
세 번은 풀을 잡아줘야 비로소 콩을 거둘 수 있다.
농사꾼을 '여름지기'라 부르는 까닭을 알 거 같다.
풀을 잡는 때가 오롯이 여름이어서 땀으로 목욕을 하며 풀을 베어 눕힌다.
비닐덮기를 하면 일을 크게 줄일 수 있겠으나 그건 내가 정한 규칙을 깨는 것이고 내 나름의 고집(농사철학)을 꺾는 것이다.
그래도 밭일은 참 개운하다.
사람이 땀 흘리며 지난 자리는 표가 확 나기 때문이다.
풀 반 콩 반….
늘 콩밭 앞에 서면 '이걸 언제 다 맬꼬?' 싶지만 내 어렸을 적 아부지 하시던 말씀 떠올리며 뚜벅뚜벅 풀 잡으러 들어간다.
사람 손이 참 무섭구나… 하는 것을 제대로 보여주기 위해서.

"아이야.
이 풀을 언제
다 잡는다냐"

끄닝벝에 그측밭, 콩밭, 들깨밭 풀매
한숨푹쉬 나옵니다.
"아들아. 눈이 질로게 을거시다. 그래도
 손발이 부지런헝게 입으로 묵을거시 들오재."
암! 아부지 말씀 떠올리면서
 풀 잡으러 들어갑니다.

여름 마당의 마술
    (2017.8.4)

집 지어놓고 마당을 어떻게 할까 고민을 한 적 있다.
운동장처럼 화강토를 깔고 다질까? 아니면 블록을 깔까….
마을 어른들 댁은 열이면 열 모두 시멘트 바닥이다. '징글징글하다'는 풀 안 나지, 호박이며 고추며 이것저것 말릴 수도 있지, 한번 발라놓으면 손도 안 가고 여러모로 쓸모가 많아서일 거다. 우리보다 2년쯤 먼저 귀농한 부안 서당골 정선 씨네 마당은 고운 금잔디였다. 얼마나 폭신하고 보기 좋던지. 그래, 우리도 잔디를 깔자.
정선 씨네 마당에서 한 평이 채 안 되는 뗏장을 떠냈다. 잔디를 떠낸 곳이 처마 아래쯤이었는데 그 집 아들들이 2층에서 쉬를 한 자리여서(나였더라도 오줌 마려울 때마다 내려오기 귀찮았을 거다) 음…, 지린내도 솔솔 났다.
그 잔디를 가져다가 모종삽으로 뗏장을 조각조각 자르고, 호미로 마당에 골을 파서 조금씩 심었다. 물 흠뻑 주고 아주 적게나마 가끔 굵은 소금도 흩뿌려 주고.
잔디는 금세 번져나갔다. 무성하게 자란 자리에서 잔디를 나눠다가 다시 빈자리에 심고.
잔디가 마당을 제대로 덮었을 무렵, '귀농인의 집' 공사를 한다고 한겨울에 대형차들이 마당을 들락거리면서 잔디가 군데군데 없어졌다.
다시 복구.
빈자리를 메꾸는 건 달리 방법이 없다. 조금씩 군데군데 심어두면 시간이 해결해 준다.
잔디만 깔끔하게 나면 좀 좋을까….
빽빽한 잔디 사이사이에 풀씨가 날아들어 비집고 들어앉아 뿌리를 내린다.
질경이, 바랭이, 깨풀, 방동사니, 피막이, 땅빈대, 쇠비름, 쇠뜨기, 한련초, 민들레, 쇠무릎지기, 괭이밥, 메꽃….
삐죽한 호미나 풀 잡는 작은 낫으로 콕콕 찍어서 캐낸다.
예초기로 한번 확 밀기도 하지만 그때뿐이니, 정갈하고 폭신한 잔디밭을 보려면 풀 뽑는 수고를 들여야 한다.
가끔 아내는 허리춤에 모기향을 피워 차고 궁둥이에 밭일용 방석을 받치고 앉아 풀을 뽑는다. 아내가 지난 자리는 갑자기 잔디밭이 넓어진다.
잔디마당에서 벌어지는 마술 같다.

여름마당. 잔디밭 잡초 (바랭이, 방동사니, 한련초, 당반대, 쇠비름, 질경이....) 들이 마구 올라온다.
아빠가 뾰족호미로 풀을 뽑기시작하자 마당이 갑자기 넓어져졌다.

비도 오고…
(2012.1.21)

시골살이 하다 보면 사실 일이 끊이지 않는다.
처음엔 허겁지겁 눈에 보이는 일마다 찾아다니며 몸을 혹사했다. 그런데 세월이 흐르면서 그게 참 부질없는 짓이라는 걸 알게 되었다.
몸에 일을 맞춰가야 하겠구나 싶은 생각을 하게 되기까지는 10년도 넘는 시간이 걸렸다.
물론 마음먹은 대로 되지 않을 때가 더 많지만.
강제휴식도 있다.
비 오는 날.
한창 농사철이라도 비가 쏟아지는 데야 일을 할 수가 없다. 겨울이야 농사철이 아니니 한가하지 않을까 싶지만, 겨울은 겨울대로 할 일이 가득하다.
그래도 비 오고 눈 내리면 쉰다.
책도 읽고 휴대폰도 붙잡고 있다가 책상에 앉아 끄적끄적 낙서도 하고.

비도오고 그래서
이러고 논다 ㅎㅎ

2012.1.21
춘남축이

박재동 선생

(2017.7.5)

제도용 잉크병을 보면 박재동 선생이 떠오른다.
정작 본인은 기억하지 못할 수도 있겠는데 나는 생생하게 기억난다.
노조사무실에서 선전편집 일을 맡아 정신없을 무렵, 이날도 예외 없이 현장을 찾아 기사를 쓰고 플로피 디스크에 담아 인쇄소로 가기 전이었다. 오후 네다섯 시였을 거다.
낮에 생각해 두었던 민주항해 그림판을 그려놓고 오줌을 누고 돌아오니 어? 그림에 얼룩이 져 있다.
책상에 놓아둔 걸 누군가 젖은 손으로 만졌을 거다.
이런 일이 한두 번이 아니었다.
그때 무슨 까닭으로 박재동 선생을 떠올렸는지 알 수 없지만, 무식하면 용감하다고 작정 없이 한겨레신문사로 전화를 걸었다.
"박재동 화백 계시지요? 그분이랑 통화하고 싶은데요."
한참 뒤 연결이 되었고 나는 평소 궁금한 이것저것을 정신없이 물었던 거 같다.
그동안 만년필 잉크를 찍어 그리거나 플러스 펜으로 그리거나 제도용 로트링 펜으로 그렸는데 제도용 잉크를 써보라 했고, 그림을 그릴 때 쓰는 조금 두꺼운 종이가 있다는 이야기도 들었다.
신문사 만평 마감시간에 웬 전화인가 황당하고 귀찮기도 했을지 모르지만, 내겐 큰 도움이 되었다. 그 뒤 만평집 '골리앗 공화국'을 펴낼 때 발문을 써준 분도 박재동 선생이다.
한겨레문화센터에 노동자 그림그리기를 하러 올라갔을 때 박재동 선생이 내 앞 강의를 하고 있었다.
허술하고 조잡하고 군더더기가 많았던 내 만평.
그래도 내 마음속 그림 선생님들이 있어서 나는 아직도 배워가면서 그림을 그린다.

낡은 소식지, 신문에 날마다
만평을 그리던 시절,
그림을 배운 적이 없으니 그림그리기에
알맞는 필기구나 도구를 알 턱이 없었다.
그때 다짜고짜 전화를 드린 분
박재동 선생님.

잉크는 뭘로 쓰는지, 종이는 또 뭘로 쓰는지….
그래서 처음 제도용잉크를 알았고
복사지 대신 그림그리는 종이를 구해봤다.
제도용 로트링펜이나 플러스펜으로
그리다가 펜촉을 쓰면서 훨씬
수월하게 그리게 되었다.

그림은 물론 글씨까지 따라하고 싶었던
내 마음속 선생님 박재동화백.
덕분에 나는 농사를 지으면서
그림일기까지 쓰며 살고있다.

가뭄
(2017.6.29)

정도의 차이는 있지만 해마다 한두 번은 거르지 않고 가뭄이 든다.
방방하게 차올랐던 집 앞 저수지가 홀쭉해지고 밭작물이 타들어가며 그 뛰어난 생존력을 보이던 온갖 풀들도 간신히 목숨을 이어간다.
지하수를 끌어다가 스프링클러를 설치해 보기도 하지만, 하늘에서 내리는 비랑 견줄 수 있겠나. 더구나 그 비는 공기 중의 질소를 데려다가 작물에 거름을 준다고 하니 비를 맞아야 비로소 작물이 자라고 열매를 맺는다.
그래서 농사는 하늘이 짓는다고 하는가 보다.
국민의 안위는 안중에도 없는 위정자들 때문에 나라꼴이 정말 엉망으로 되어가던 때, 비까지 내리지 않으니 심사가 몹시도 뒤틀렸다.

우리들 봐서라도…

하늘님.
옥에서 내려다보께
사람같잖은 것들이
지랄임빙허고 있다고
심사가 솔찬히 불편허시겠지만

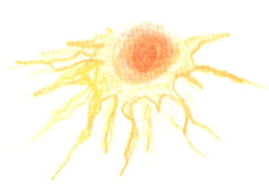

그래도…
멋이라도 승과야 쓸거아니요.
우리들 봐서라도 지발
비 장 내려주씨요이?

묵을 물꺼정
바닥이라 안허요?
지발…

스쿠터

(2017.3.6)

내가 첨 스쿠터를 탄 건 울산에서 회사 다닐 때였다.
자전거로 출퇴근을 하다가 노조사무실에 일할 적에 스쿠터를 타기 시작했다.
중고였고 배기량이 50cc라 힘이 달렸지만 그래도 아내랑 둘이 타고 멀리 언양까지 나들이해도 불편하지 않았다.
스쿠터는 기어변속 없이 가속 레버만 당기면 속도가 붙는다.
편리하지만 자칫 위험하기도 했다. 바퀴가 작아서 모래가 깔린 길이거나 작은 돌멩이 하나만 있어도 쉽게 넘어진다. 비 오는 날 건널목 색칠한 자리는 아주 미끄러워 조심해야 한다.
새 스쿠터 슈퍼리드 125cc를 산 건 해고와 구속을 거쳐 복직했을 때였다. 그 스쿠터는 10년 넘게 타다가 우리를 따라 시골로 이사 왔고 부안을 거쳐 곡성에서도 굴러다녔다. 이웃에 귀농한 친구 집으로 갔다가 폐차장으로 가서 생을 마감했다.
그러다가 마침 아는 분에게 시티 100이라는 기어변속 오토바이를 장만해 탔는데, 영 힘을 못 쓰고 빌빌거렸다.
간신히 어르고 달래서 타고 있던 차에 마침 외얏골로 이사 온 친구가 스쿠터를 폐차하겠노라 한다. 소형차도 있고 짐차도 있어서 굳이 쓸 일도 없는데다 배터리가 잘 방전되기 때문에 가끔 시동을 걸어주는 것도 불편해서 폐차하겠다는 거다.
"그래요? 그럼 내가 손봐서 타게 주세요."
"얼마든지요."
이런저런 서류를 준비해 등록하고 보험을 들고 번호판을 받았다.
스쿠터 값으로 돈을 조금 주려니 안 받는다네. 그래서 이런저런 나무를 분양했다.
내가 타던 시티 100은 곡성 읍내 오토바이 가게로 보냈다.
스쿠터는 논에 갈 때나 마을에 올라갈 때 참 편리하다.
나는 스쿠터와 30년 넘는 오랜 인연을 이어가고 있다.

동네 이사들어온 한 친구가 스쿠터를 폐차한다해서
내가 타겠노라 받았다. 보험을 들고 번호판을 달고
브레이크 오일과 배터리도 갈고..
그랬더니 아주 멀쩡해졌다.

2.5km 떨어진 공방앞에 세워둔터라 오토바이
가지러 걸어가는데 바람이 몹시 사납게 불었다.
귀때기도 시리고 마빡도 얼얼했다.

시동을거니 우두두두 힘이 느껴진다.
당겨보니 금세 60km...
125CC 라서 힘도 좋다.
봄바람 따스해지면
 마님 뒤에 태우고
오빠달려.. 해야지

재현
2017. 3. 2

솔찬히 따숩재라?
(2015.2.3)

솔찬히 따숩재라?

농사지으러 들어와서 난로까지 배울줄 상상도 못했는디 어찌어찌 살다보게 적정기술 배와다가 화덕도 맨들고 난로도 맨듭니다. 나무가 꺼꾸로 타들어가니 어르신들이 신기해합니다.
그나저나 땅희 나무가 적게들어간다하니 미덥지 않으신지 연신고개만 자우뚱자우뚱 하십니다.
한참뒤. "아따. 거 솔찬히 따숩구마이!" 하시네요.

"요고 조깐 때갖고도 따숩당가?"

"그럼요. 나무적게 붓고 따숩 난로가 젤이제라."

"볼라도 이뻬요야~"

개미가 문다
  (2017.8.25)

벌레라면 아주 질색을 하는 사람들이 많다.
특히 도시에서 나고 자란 사람이라면 벌레들에 대한 공포가 더욱 커 보인다.
시골에 살면 벌레며 곤충, 파충류, 포유류… 아주 다양한 생명체랑 맞닥뜨리게 된다.
모기나 파리는 예사고, 지네와 쥐, 두꺼비, 뱀, 오소리, 가끔은 멧돼지도 만난다.
아내는 지네에 두 번이나 물렸다. 이따금 이 방 저 방에서 지네가 나와 한바탕 소란스럽다.
갑자기 나타난 지네도 놀라고 덩달아 우리도 놀라고.
지네는 파리채를 휘둘러도 제압이 힘들다. 젓가락이나 집게를 써서 잡아 올린 다음 변기에 버린다. 지네는 양 옆구리에 호흡기관이 있어 익사하는 거라 한다.
요새는 지네가 나오면 음식물 쓰레기통에 담았다가 닭장으로 간다. 살아 있는 지네를 본 닭들은 구국구국 경계를 하다가 어느 한 녀석이 물고 튀면 그때서야 모두 뒤쫓으며 난리를 피운다.
얘기가 엉뚱하게 흘렀네.
가장 작으면서도 꽤 강력한 녀석 개미 이야기를 하려 했는데.
밭일을 하다 보면 꼭 만난다. 돌이나 나무토막을 들추면 개미들이 우르르 쏟아져 나온다.
호미나 낫을 쓰다 보면 본의 아니게 개미집을 파헤치기도 하는데 이때 개미집은 아수라장이 된다. 하얀 알을 물고 왔다 갔다 하는 개미 떼들 보면 순간 미안해지지만 그것도 잠시, 여기저기 달라붙어 물어대면 이거 참 보통 아픈 게 아니다.
발등이나 장갑에 타고 올랐더라도 가던 길 마저 가다가 땅으로 살포시 내려가면 어디 덧나냐? 꼬물꼬물 기다가 돌연 아무 데고 물어버린다. 겨드랑이고 손등이고 사타구니고 가리지 않는다.
고추밭 매다가 개미집 건드려 얼른 피했는데 잽싼 개미 몇 마리 내게 붙었던 모양이다.
하필 그곳을 여러 차례 무는 통에 아주 혼났던 기억.

폴더폰 허리
(2017.3.16)

'아니, 저렇게 허리를 반으로 딱 접어서 어떻게 밭일을 하지?'
정말 궁금했다.
볼 때마다 궁금하다.
저러면 허리가 더 아프지 않을까?
"아짐, 그라고 꼬부리고 하시믄 더 허리 안 아프요?"
"허리가 아픙께 이라고 하재."
그런데 겪어보니 알겠더라.
밭일을 심하게 하다 보면 등이며 허리가 너무나 아팠고, 나도 모르는 사이 내 허리도 저렇게 반으로 접혀가더라.

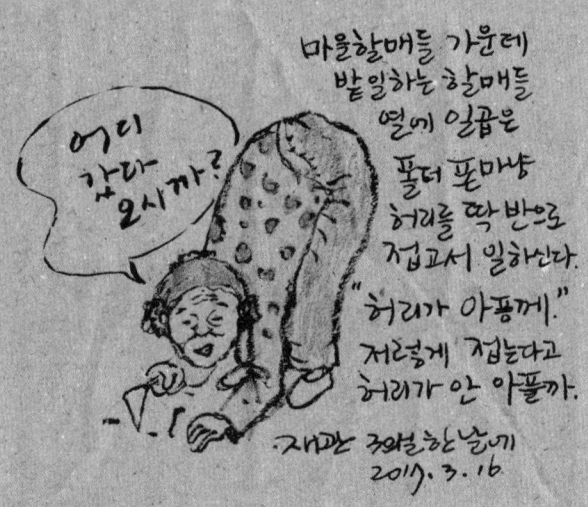

모기향
(2015.8.16)

밭일하러 나서면 반갑게 맞는 이들이 있다.
모기.
반갑다고 앵앵 노래까지 부르면서 온몸을 던져 달려든다.
그냥 좋아라 해도 되건만 침을 꽂고 피를 뽑으면서 좋아라 한다.
우리 부부는 밭일하러 나설 때면 모기향에 불부터 붙인다.
모기향 통을 허리에 차고서 밭에 들어간다. 모기 기피제도 뿌려봤지만, 그래도 모기향에는 못 미친다.
모기향 통 매고 밭에 들어가면 마을 아짐들이 농을 건넨다.
"모구향 통 차고 허다가 거시기라도 디여불믄 마누라헌티 쬦기나재. 항."
허리가 따뜻하긴 해도 거시기 데일 일은 없으니 다행이다.

징헌내 줄소야

내 궁뎅이에 달롱거리는거시 머신지 아요?
잉. 그라재. 모구향이재.
밭조깐 맬라고 들어가문 깔따구 엽빙허고 달려들재
모구시키들이 등짝이랑 궁뎅이랑 아조 빤한디가 욮이
조자불잔아요.

오래 달고 밭매다가 마을점자 조깐 쉬러 갔등마는
아짐들 눈이 휘둥그래져서 물어싸.
"이장섬 그거이 머시다요?"
"모굿불인갑서."
"소부랄맹키로 달롱거림마?"
"나는 폴다리에 모구약 펭끼고가문
안 물든디라."
"아따 고거이사 잠깐 밭에
갔다올적에는 몰라도
오래 앉거있으문 소양없어.
열 해 펭게야써."

"그나저나 이장섬 안뜨검쏘?"
"예. 암시랑 안허요."
한 아짐이 지긋이 보더니…
"그래도 조까 걱정시로운디.
그거 차고 일허다가 거시기라도
디여불문 으짠다요?"
"으짜긴 으짜르
마누라헌티 쫏기나재. 항."

마을아짐들도 웃고 나도 웃고.

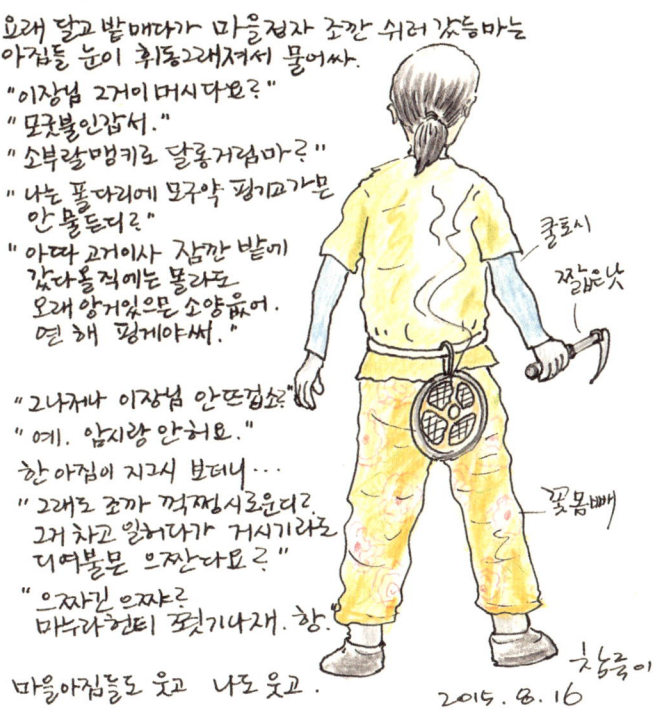

쿨토시
잘은낫
꽃몸빼

붓을즉이
2015. 8. 16

돌 나르기
(2017.3.23)

참 돌 많이 주워 날랐다.
집 지으면서 빙 둘러 벽체 쌓는 데 엄청난 돌이 들어갔고, 마당을 다듬으며 수직 돌벽을 쌓느라 제법 큰 돌이 수없이 들어갔다.
벽체 쌓을 때는 주먹만 한 돌에서 배구공만 한 돌이 주로 들어갔고, 마당 끝 돌벽을 쌓을 때는 더 큰 돌이 들어갔다. 중고 짐차 끌고 마을 오르내리다가 밭둑이며 논둑에 쫓겨 나앉은 돌은 어김없이 내 손에 들려 집으로 왔다.
아무리 큰 돌도 한번 움직여 보고 덤벼든다. 허리를 곧추세우고 돌을 더듬어 단단히 잡을 자리를 찾고 몸에 바짝 붙인 채 온 힘을 다해 들어 올렸다.
"끄응차!"
벌써 10년도 지난 40대 중반 때였다.
그런데 얼마 전 또 큰 돌에 달려들었다.
화단 만드는 아내한테 한 덩이 선물하려고 어렵게 지게에 올리고 후들후들 간신히 져 날랐다.
쿵! 돌을 내려놓자, 아내가 그랬다.
다시는 하지 말란다. 다친다고.
50대 중반이 된 나이를 잠시 까먹었다.

밭고랑에서
(2012.3.16)

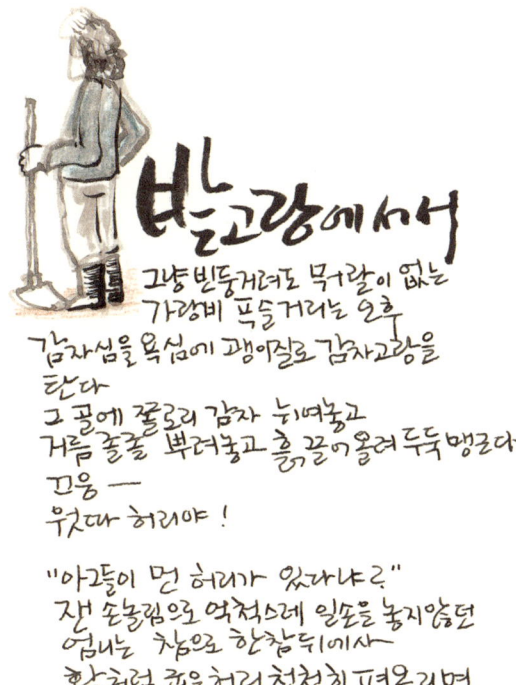

밭고랑에서

고냥 빈둥거려도 무거랄이 없는
가랑비 푸슬거리는 오후
감자섬을 옆섬에 괭이질로 감자고랑을
탄다
그 곳에 쫄그려 감자 눕여놓고
거름 줄줄 뿌려놓고 흙 끌어 올려 두둑 맹근다
끄응—
웃따 허리야!

"아그들이 먼 허리가 있다냐?"
잠 손놀림으로 억척스레 일손을 놓지않던
엄마는 차음으로 한참뒤에사
활처럼 굽은허리 천천히 펴올리며
피유워 — 숨 내쉰다
이제 내가 울엄니 옛날처럼 밭고랑에 서서
굽은허리 펴고 있다   2012. 3. 16 차남욱이

감자밭에서
(2016.6.25)

"에끼! 아그들이 먼 허리가 있다냐?"
허리 아프다고 할 때마다 들었던 말.
정말일까? 아이들은 허리가 없는 걸까? 그 말을 들을 때마다 궁금했다.
왜 그런 말이 나왔을꼬?
일하기 싫어서 꾀를 낸다고 생각해서 그랬을까?

형이랑 다섯 살 터울 막둥이 찬이도 이제 제법 힘이 생겼다.
처음에는 감자 상자를 나 혼자 들어 날랐고, 그러다가 한결이랑 같이 들어 날랐다.
이젠 형제가 사이좋게 들어 나른다.
낄낄거리며 감자 상자 나르는 녀석들 보고 있으니 참 좋다.

오일장에서
    (2017.6.8)

곡성 오일장 (3, 8일) 나갔다가 채소를 파는 아짐들 앞을 지나가게 되었다.
"요 호박 조깐 사갔씨요이?"
작은 대야에 애호박 서너 덩이가 들어 있다. 맨도롬한 가지도 몇 개 누워 있다.
"저희도 심었어요."
아짐은 고개를 끄덕이며 엷게 웃었다.
막둥이 찬이가 대여섯 살 때였을까?
오일장에 따라나선 찬이 좌판을 지나면서 뭐라 뭐라 하는 거 같다.
"찬아, 왜? 응?"
아내가 묻자 찬이 하는 말.
할머니 같아서…, 저 물건 사드리고 싶다고.
"우리 찬이 맘이 참 따뜻하네?"
아내는 그 할매가 펼쳐둔 푸성귀를 모두 팔아드렸다.
어렸을 적 울 엄니는 읍내 사는 단골 주부들이 '만물아짐'이라고 불렀다고 한다.
모르는 나물이 없었으며 조리법까지 자세하게 알려주었단다.
철철이 나물이며 푸성귀들을 다듬고 장만해서 새벽녘 머리에 이고 시장으로 나가셨다.
밤엔 엄니를 도와 손톱 밑이 까맣도록 고구마 줄기를 벗겼고, 토란대, 머윗대도 벗겼다.
토란대를 벗기거나 토란을 깔 때면 손등이며 팔목이 가려웠다.
엄니는 옥수수나 고구마를 찌고 노릇한 보리빵을 쪄서 시장에 가져가기도 했다.
엄니가 아랫목 이불 밑에 넣어둔 보리밥으로 아침 먹고 학교 가는 길.

> 호박조까 사갔씨요.

오일장에 가면 좌판에 손수카논 채소를 가져다 파는 아짐들 봅니다.
그냥 지나치기가 영 죄송해요.
울 엄니도 저렇게 하셨거든요……

엄니가 저만치 보이면 나는 한사코 엄니랑 마주치지 않으려고 눈을 내리깔고 지나갔다.
창피하다고 생각했다.
하루는 지나가다가 엄니랑 눈이 딱 마주쳤다.
"재관아, 재관아이?"
엄니가 부른다.
좌판을 펴고 앉은 아짐들도 모두 나를 쳐다본다.
머뭇머뭇 엄니한테 다가갔더니 반짝거리는 백 원짜리 동전을 하나 쥐여준다.
그러면서 옆에 앉은 아짐들에게 자랑을 한다.
"우리 집 시짜요. 공부를 을매나 잘 허는지 아요?"
"그라것소. 벨라도 또록또록허니 생겼구마."

그 아짐 보니 엄니 생각이 났다.

시골길도 예외는 아니다-로드킬
(2015.6.29)

오늘 우체국 가는데 저수지 아래 내리막길에 무슨 끈 같은 게 보인다.
속도를 줄여가며 찬찬히 살피니 끈이 움직인다.
아…, 뱀이다. 유혈목이 꽃뱀이었다.
뱀은 아주 바삐 몸 뒤틀어 배밀이를 하면서 길을 건넜다.
하루 한 번꼴로 바닥에 납작하게 뱀이 눌러 붙어 있는 모습을 본다.
어떤 이는 뱀이 길을 건너면 일부러 차 발통으로 타넘는다고 자랑스럽게 말하기도 한다.
마을분들도 독사에겐 아주 강한 적대감을 드러낸다.
"독사는 쥑애부려야써. 독사 한 마리 쥑이믄 사람 하나 살린 셈이여."
독사가 위험한 동물이기는 하나 그렇다고 보이는 대로 잡아 죽여야 할 동물은 결코 아닌데.
마을 아래 지방도에서는 심심찮게 오소리며 고라니가 차에 치인 채 누워 있기도 한다.
며칠 전 밤에는 저녁을 먹고 들어오는데, 역시 저수지 오르막길 오른쪽 가에 마치 차이만 한 검은 덩치가 웅크리고 있었다.
흠칫… 차를 세우는데 고개를 돌려 우리를 쳐다본다.
올빼미였는지 부엉이였는지는 잘 모르겠다.
이 부근에서 자주 보는데 아마 이 친구도 초곡마을 사는 모양이다.
뭔가 먹고 있었다.
본의 아니게 방해를 한 셈인데, 우릴 보고는 후드득 커다란 날개를 퍼덕여 저수지 너머로 날아간다. 토끼 한 마리 움켜쥐고 있다.
좀 미안했지만, 먹이 들고 갔으니 되었다.
봄비, 가을비가 내릴 때는 수많은 개구리들이 이동한다.

미안하다
참 미안하다

길위 죽음 로드킬,
시골길도 예외는 아니다.

차를 타고 지나기가 참으로 미안하다.
개구리에겐 그야말로 목숨이 달린 일이다.
조심해서 피해가려고 하지만 왕복 2차선 도로라면 아주 위험할 수도 있다.
차를 타고 옥과천이나 삼기천을 지나다 보면 가끔 개천에 눈길이 간다.
어김없이 백로나 왜가리처럼 키 큰 새들이 먹이활동을 하는 모습을 본다.
먹을 것을 쟁여두지 않고 그때그때 끼니를 해결해야 하는 삶이 얼마나 힘들지….
물고기가 없어지면 끼니를 때울 수도 없겠지.
사람이 이들의 삶에 대하여 아무런 생각 없이, 전혀 죄의식 없이 무단으로 간섭하고 방해하는
일은 결국 그 동물의 생명줄을 옥죄는 행위가 된다.
로드킬로 목숨을 잃는 뭇 생명들.
참 죄 많은 삶을 살아가고 있구나 싶어 마음이 무겁다.

게으른 놈이
(2012.2.24)

뭐 지게질에만 해당하랴만, 일하다 보면 이런 일은 다반사이다.
힘만 믿고 나대다가 일을 그르치기도 하고.
꽤 오래전 함양 사는 친하게 지내는 사람 집에 회갑 잔치가 있어 다니러 갔다. 다음 날 그 집을 나서서 오는데, 어느 집 앞에서 노부부 두 분이 커다란 나무둥치를 눕혀놓고 톱질을 하고 있었다.
할머니는 영감님이 톱질하는 것을 지켜보며 나무에 걸터앉아 있다. 움직이지 않게 잡아주는 거겠지 했는데 가만 보니 나무둥치 아래 또 나무 하나를 괴어놓고 꺾쇠를 이리저리 박아서 움직이지 않게 해놨다.
'아, 이런 방법이 있었네.'
잠시 지켜보다가
"어르신, 제가 썰어봐도 되어요?"
했더니 영감님은 살짝 뒤로 물러나 앉으며 톱자루를 내게 건넸다.
톱은 아주 오래되었지만 줄로 잘 슬어나서 톱 노릇을 하기에 넉넉했다.
젊은 기운에 보란 듯이 재빨리 썰어야지 하고는 힘을 팍팍 주어 톱질을 시작했다.
같이 간 일행들도 내 톱질을 지켜보고.
내색을 하고 싶지는 않았으나 5분도 지나지 않아 나는 지치고 말았다.
간신히 한 토막을 썰었으나 다시 썰 엄두가 안 났다.
"그럼 애쓰셔요."
노부부는 무슨 일이 있었냐는 듯 다시 슬근슬근 톱질을 시작했다.
아주 평온한 모습으로.
이리저리 고개 들어 구경도 해가면서 슬근슬근.
저러니 온종일도 톱질을 할 수 있는 것이로구나.
힘만 믿고 까불면 안 되는 거였어. 빠른 게 결코 빠른 게 아니었구나.

오이의 생존전략
(2009.8.13)

해마다 토종 오이를 심는다.
노각을 갈라 씨를 받고 씻어서 잘 말려두었다가 이듬해 쓴다.
그러고 보니 이 오이는 노각으로 되기까지 '살아남아' 종자를 번식하게 되었으니 생존전략이 성공한 셈이다.
거름을 내고 오이 넝쿨이 타고 오를 울타리를 설치하고 모종을 길러 심는다.
어린 모종에는 노랑이 곤충이 달라붙어 잎사귀 수액을 빨아 먹는다. 다가가면 휘리릭 도망가고 돌아서면 다시 들러붙어 수액을 빨아댄다. 그대로 두면 어린 모종이 배겨나기 어렵다. 잎은 그물망처럼 숭숭 뚫리고 결국 흔적도 없이 사라진다.
닭장 올라가는 길 왔다 갔다 하면서 노랑이를 잡기도 하고 쫓기도 하고.
결국 살아남은 오이 모종은 덩굴손을 뻗어 지지대를 감고 올라 꽃을 피우고 손가락만 한 오이 열매를 매달기 시작한다.
그런데 이때부터 희한한 일이 벌어진다. 알맞게 자란 오이를 따러 가서 아무리 둘러봐도 잘 보이지 않는다. 분명 며칠 전 봤을 때 여러 개 달렸던데 왜 안 보이지?
그리고 이삼 일이 지나면 그제야 제법 굵어진 오이가 보인다.
딸 테면 따보라는 것처럼 당당하다. 그러나 그쯤 되면 오이는 어중간해서 딸 수가 없다.
아삭한 오이무침을 하거나 오이피클을 담거나 오이지를 담기가 어렵다. 결국 노각이 되도록 기다려서 오이 껍질이 자글자글 갈라지고 난 다음에야 거두어들일 수 있는 셈이다.
맨날 가서 제대로 오이를 따지 못하고 늘 노각을 만들기 일쑤인 나는 그래서 아내 지청구를 피하기 어렵다.
"맨날 노각을 만들고 말이지."
그래도 어쩔 수 없다. 오이의 생존전략을 당해낼 수 없으니….

씨앗이 여물기전 어린오이는 꼭꼭 숨습니다.
아무리 꼼꼼이 찾아봐도 보이지 않던 오이는
굵세 굵은 노각이 되어 보란듯이 당당하게 모습을 드러냅니다.
이제 씨앗여물었으니 따갈테면 따보라는 거지요.
오이의 생존전략, 성공입니다.

자귀나무
(2012.1.1)

웅웅 우와앙….
뒷산이 요란하다. 숲 가꾸기인가?
벌목하는 사람들이 열 명 남짓 엔진톱을 들고 나무를 베어 넘기고 있다.
알고 보니 산 주인이 업자에게 나무를 판 것인데, 업자는 한 그루라도 더 베어낼 요량으로 악착같이 나무들을 쓰러뜨렸다. 서로 어깨를 걸고 숲을 이루던 나무들은 이내 바닥에 눕고 가물에 콩 나듯 띄엄띄엄 리기다소나무 몇 그루 세워놓았다.
그렇게 며칠이 지나고 이번엔 포클레인이 아찔한 경사에 들러붙어 나무둥치들을 끌어내리고 '지에무시'라는 투박한 차가 연신 산을 오르내리면서 나무들을 공터에 쟁인다.
숲은 졸지에 조용해졌다. 깃들어 살던 새도 옮겨갔는지 조용하다.
이제 벌거벗겨진 저 산자락엔 가시 돋은 산딸기류와 칡넝쿨이 무성하겠지. 베어 넘긴 나무 밑동에서 힘겹게 싹을 틔운 가녀린 새 가지도 보일 거다.
벌목을 조건으로 나무를 새로 심는다지만, 옻나무만 잔뜩 심거나 볼펜보다 가느다란 편백을 띄엄띄엄 심어놓았다.
숲 가꾸기만 해도 그렇다. 지역마다 다를지는 몰라도 유독 소나무만 남기고 다른 나무들은 베어 넘긴다.
지형이 가파르고 여러 조건이 달라 그럴 수도 있겠으나 오랜 기간 계획 조림을 하는 외국의 숲이 마냥 부러운 것은 나만이 아닐 게다.
언제쯤 우린 숲다운 숲을 갖게 될까.

뒷산오르다가 밑둥덜컥 잘린나무 봤습니다.
소나무 말고는 모두 '잡목'이 되고마는 산판에서
엄연히 제이름갖고사는 자귀나무였습니다.
다행히 가지하나 꼿꼿이서서 새희망을
꿈꾸고있습니다.
연땅깊숙히 뿌리박고서 말입니다.
그 '희망'이 참 장해보입니다   2012.1.1

부탁하마
(2014.1.17)

봄이면 집 뒤 산기슭에 키 껑충한 두릅나무 가지 끝에서 통통한 두릅이 올라온다.
마을 봉열 아재가 두릅밭을 없애는 자리에서 몇 그루 주워다 심었는데, 아무리 한철 별미라지만 애써 틔워 올린 어린순을 툭 하고 분지르는 것은 상당히 미안한 일이다.
그래서 일부러 두릅 몇 개는 잎이 커지도록 놔둔다.
두릅을 닮았으나 두릅나무보다 가시가 더 발달한 엄나무.
개두릅이라고도 하는데 두릅보다 향이 더 강하고 내 입맛으로 보면 더 야생스런 맛이 난다.
화천 돌쑥 아우님 집 들머리엔 꽤 큰 엄나무 한 그루 서 있는데, 어린나무들과는 달리 몸통에 가시가 없었다. 든든하게 덩치를 키우면 가시를 내서 보호하지 않더라도 안심이라고 생각했을까? 꾸지뽕나무도 어린나무일 때는 날카로운 가시가 가득하지만 제법 굵어지면 가시가 달리지 않더라.
예로부터 귀신이 들어오지 말라고 집 앞에 심었다는 엄나무.
집 둘레에 두 그루 심었는데 하나는 닭장 앞에서 굵어지고, 하나는 팽나무 아래서 기를 펴지 못한다. 올겨울엔 집 들머리로 옮겨서 보초임무를 맡겨야겠다.

부탁하마

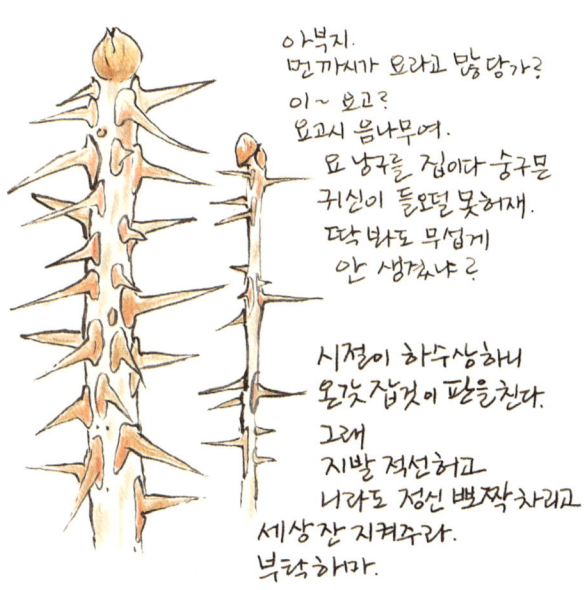

아부지.
먼까시가 요라고 많당가?
이~ 요고?
요고시 음나무여.
요 낭구를 집이다 숭구문
귀신이 들오덜 못허재.
딱 봐도 무섭게
안 생겼냐?

시절이 하 수상허니
온갓 잡것이 판을친다.
그래
지발 적선허고
나라도 정신 빠짝 차리고
세상 잔 지켜주라.
부탁하마.

2014. 1. 17 마당아래서.

햇빛건조기
(2012.9.11)

고추가 익어가는 이맘때 마을에 올라가면 여기저기서 윙 하는 기계 소리와 들큼한 고추 냄새가 난다. 건조기에서 고추를 말리느라 쉼 없이 돌아가는 것인데, 고추를 4, 5백 그루 심는 우리야 고추건조기를 장만할 생각이 없다. 그렇다고 마냥 햇볕에 널어 말리자면 더디기도 하고 비가 오면 재빨리 담아 들여야 한다.
에너지 적정기술을 공부하면서 햇살을 이용하는 건조기를 만들었다.
업소용 냉장고와 햇빛을 흡수해 더운 공기를 만들어내는 집열판, 그 공기를 냉장고 안으로 밀어 넣는 작은 팬 들이 필요한데, 그도 복잡해서 아주 간단하게 만들었다.
창원에 갔다가 마침 아파트 앞에 내다놓은 작은 옷장을 보았는데 이걸로 만들자 싶어 실어왔다. 햇빛이 잘 들 수 있도록 옷장을 뒤로 비스듬하게 눕히고 판을 수평으로 고정하고 검은 칠을 한 다음 아크릴판으로 덮개를 만들어 씌웠다.
한여름 햇빛건조기 안은 70도까지 올라간다.
고추는 따자마자 바로 햇볕에 널면 익어서 하얗게 말라버린다. 2, 3일 동안 그늘에 펴두었다가 햇빛건조기 안에 고루 널어 말린다. 수분이 얼추 빠지고 꾸덕꾸덕해지면 마당으로 나오고 차례를 기다리는 고추를 집어넣고.
물론 건조기 안에서 다 말려내기도 한다.
비가 오면 어떡하나?
그냥 두어도 건조기 안에는 비가 안 들어간다.

생태 뒷간
    (2011.4.13)

시골로 와 집 짓고 살면서 처음 2년 동안은 화장실 갈 때마다 마음이 불편했다.
일 보고 레버만 제치면 물이 좌르르 돌면서 정화조로 밀어 넣는 좌변기.
그 똥오줌은 다 어디로 갈까?
그래, 뒷간 하나 짓자.
계획도 간단했다.
여기저기서 주워 모아둔 자재를 쓴다.
거름을 퍼내기 쉬운 얼개로 한다.

뒷밭으로 오르는 길 왼쪽에 뒷간을 짓기로 했다. 일단 뭘 하자고 덤비면 이리저리 재지 않고 후다닥 해 재껴야 직성이 풀리는 성질 때문에 기둥부터 세우고 수평 맞춰 도리를 걸었다.
한 뼘이나 되는 대못을 박고 꺾쇠로 짱짱하게 고정했다. 기둥이 서고 도리를 걸자 짜임새가 튼튼해서 흔들림이 없다. 지붕을 비탈지게 얹고 널빤지로 바닥을 만든 뒤 전등을 달았다.
뒷간 바닥은 시멘트 모르타르를 발랐다. 돌벽을 포함해 4면을 막고 한쪽엔 문을 달아서 거름을 퍼내기 쉽게 했다. 똥오줌을 분리할까도 싶었는데 왕겨나 톱밥, 그리고 화목보일러에서 나오는 재를 뿌려주니 냄새도 거의 나지 않았다.
뒷간을 짓고 나니 똥 누는 데 한결 마음이 편했다. 어쩌다 도시에 나가면 좌변기에 앉는 일이 어색해 참을 때가 많다.
똥 살리고 땅 살리고.
나는 아침마다 뒷간으로 간다.

아침눈뜨면 꼭 들르는 뒷간. 닭장대여딘 창이
그냥지나가도 되련만 아는척, 하고간다.
그래 녀석아. 아빠거름만들고 있다.
(창이는 뒷간 갈때 아랫도리 홀랑내놓고 뛴다~)

흙-생명을 키우는
(2009.6.14)

거침없이 세력을 확장하는 고구마 줄기를 살살 걷어 올리면서 김을 맨다.
고구마 줄기는 흙에 닿는 마디마디에서 뿌리가 나와 땅에 튼튼히 박고 더욱더 기운차게 뻗어 나간다.
'두둑 안에 양분을 저장해야지, 엉뚱한 데로 가면 되겠나?'
혼자 중얼거리며 바랭이와 깨풀과 왕바랭이, 명아주, 쇠비름 따위를 뽑아낸다.
흙은 고슬고슬 떼알구조*를 갖고 있다.
손으로 헤집어도 될 만치 보드랍다.
굵은 지렁이들이 놀라 몸을 뒤튼다.
너무나도 당연하지만, 문득 흙이 참으로 귀하고 소중하구나, 생각했다.
햇빛에너지를 몸 안에 저장하는 식물들을 키우고 그 식물은 뭇 생명을 먹여 살린다.
생명의 근본이 아닌가.

*떼알구조: 토양 입자가 모여 만들어진 입단으로 형성된 토양의 물리적 구조. 입단구조라고도 하며, 홑알구조보다 생산성이 높음.
홑알구조: 토양 입자가 서로 결합되지 않고 낱낱의 입자들로 흩어져 있는 상태로 작물 생육에는 불리한 상태임. 이것을 떼알구조로 만들려면 석회나 유기물 거름을 주어야 함.

고구마밭 김을 매다가
보드란 흙 한줌 쥐고서
생각합니다.
아스팔트
콘크리트 바닥에서
생명을 키울 수 없지요.
흙은 생명을 키우는
살아있는 생명체입니다.
그런 흙을 우리는 너무 대수롭잖게
막 대하고 있지는 않나요?
기계로 짓누르고 부수고 비닐로 숨막히게 하고
화학비료와 독한 약을 뿌립니다.
흙은 괴롭고 괴롭습니다.
비록 많지 않은 농사지만
흙을 존중하면서 농사를 짓고 싶습니다.

돌 줍기
    (2010.5.12)

10년 전, 집 옆 밭을 장만하기로 했다.
계약금을 치르고 잔금을 줘야 하는데, 밭 주인이라는 사람이 이상하게 차일피일 미룬다.
나중에 알고 보니 밭은 개인 명의가 아니라 친척 세 사람 명의로 되어 있었다. 모두 동의를 하지 않으니 팔 수 없게 되었고, 우리는 그 밭을 빌려 쓰게 되었다.
애초에 꼼꼼하게 따져봤어야 했는데 이장님 말만 듣고 진행한 실수도 있다.
우리가 밭을 쓰기 전, 마을 어른들이 농약과 제초제, 비료와 트랙터를 써서 농사를 지어선지 단단하면서 푸석푸석하고도 돌이 많이 섞인 밭이었다.
삽날은 돌에 막혀 박을 수가 없었고, 괭이는 튀고, 호미질하면 크기를 가늠할 수 없는 돌이 버티고 있었다.
오래도록 부칠 밭인데 이래선 안 되겠다 싶어 돌을 캐내기 시작했다.
공사장에서 쓰는 타이어 재질의 고무통을 사다가 돌을 주워 담아 밭 가장자리로 옮기는데 옮기는 거리가 멀어질수록 힘이 들었다.
그래서 넓은 고무대야 한쪽에 구멍 두 개를 뚫어 끈을 매달고 돌을 담아 질질 끌어내기도 했다. 돌은 돌탑 네댓 개를 만들 만치 쌓였다. (그 돌은 여기저기 다시 쓰일 자리에 쓰였다.)
부안 살 적에 옆집 형 말하길
"어야, 돌이 오줌 싼단 말 들어봤는가?"
"돌이요?"
"돌이 습을 머금었다가 가물면 습을 뱉어낸단 말이시."
그럴 수도 있겠구나 싶었다.
옆집 광환 할매가 부치는 자글자글 자갈 가득한 밭에서도 마늘이며 고구마, 고추를 거두었으니.

돌줍기

거무죽죽한 고무통에
돌 주워담습니다.

캐도캐도
한없이
나오네요.

돌이 무겁고
돌탑이
쌓일수록
밭은 점점 부드러워집니다.

봄볕 아래 지게질
(2017.3.15)

3월이라지만 아직 바람에 찬기가 묻어 있다.
그래도 겨우내 마을회관에 앉아 온종일 텔레비전을 틀어놓고 뒹굴뒹굴하시던 마을 아짐들은 특별히 할 일도 없는 밭에 소쿠리 하나 끼고 나와 서성거렸다.
빈 밭고랑에서 뽀리뱅이며 씀바귀를 호미로 득득 긁으면서 말이다.
"뭣 허신대요?"
"지심매요. 풀이 벌써 징하게 올라오네."
풀이 '아조 징글징글하'다는 아짐들은 한 해 지날 때마다 더 쇠약해진 몸으로도 벌써 봄맞이를 한다.
조금 있으면 아랫말 트랙터가 올라와 흙을 부순 다음 두둑을 끌어 올려 놓고 내려갈 거다.
꼬부랑 할매는 혼자 밭을 기어 다니며 검은 비닐을 씌우겠지.
남은 고랑엔 약통을 지고 와서 삐걱빼각 손잡이를 움직여 제초제를 치겠지.
고달 사는 석기는 농사도 지으면서 승마장 일을 한다.
승마장 일을 도맡다시피 하는데 말똥거름 퍼가라고 연락을 했다.
"풀도 수입해서 먹이고요. 바닥에 깔아주는 톱밥도 최고급으로만 써요."
의득, 영규 아우랑 조 짜서 말똥거름 담아왔다.
서른 포대를 논 옆에 쌓았다.
한 포대에 40킬로그램이 채 안 되겠지만 지고 일어서니 휘청거린다.
쟁기질한 논바닥은 울퉁불퉁, 내 걸음은 갈지자다.
겨우내 풀려버린 다리힘살, 저질체력.
봄볕이 따스운 날 오후.

봄볕아래 지게질

봄볕이 따습던 오후
한포대 40㎏의 밭똥퇴비 서른개.
지게로 져날랐다.
겨우내 풀려있던 다리는 후들거렸으며
내 의지와는 상관없이 갈짓자걸음을
걸어야 했다.
1, 2톤 밭똥거름 져나르기.
그나마 다행인 것은 바람이
불지 않았고 지게질거리가
자꾸 줄어들었다는 것.
몸은 무거웠고
마음은 가벼워졌다.

재연 2017. 3. 15

아구구 부항
(2017.3.24)

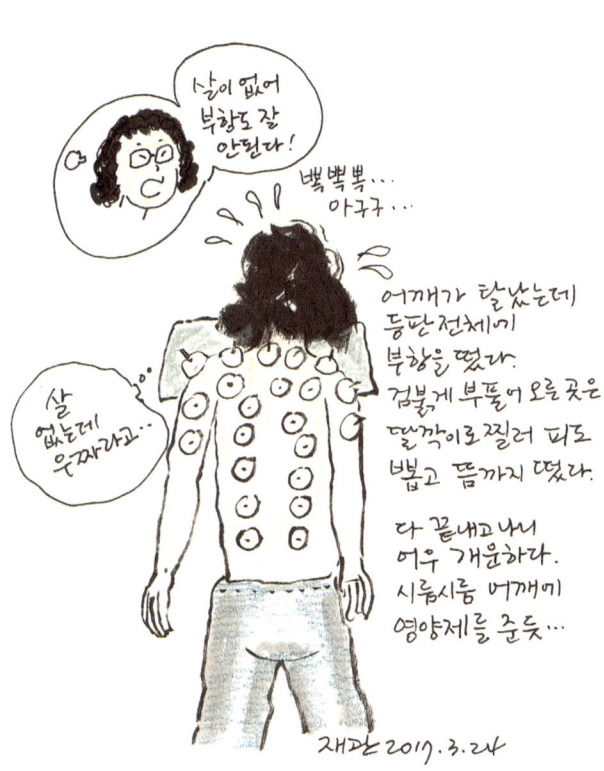

내 아부지 같은
(2014.2.18)

어렸을 적 시골 살았던 사람치고 지게질 한두 번 안 해본 사람 있을까?
내 동무 용길이는 초등학교 때도 떡 벌어진 어깨로 어른 짐을 져 나르던 지게 신동이었다.
가을걷이가 한창이던 논에서 볏단을 져내던 때.
나는 아버지가 산에 갈 때 지고 가던, 지겟다리가 짧은 지게를 메고 나왔다.
어른들은 내가 볏단을 두 개, 세 개 올리는 것을 지켜봤다.
"용길이가 다섯 단은 너끈히 징께 니는 석 단만 져봐라."
오른손으로 지겟작대기를 잡고 멜빵에 어깨를 밀어넣고 한쪽 무릎을 꿇고 자세를 잡은 다음 앞으로 기울어지거든 힘을 주고 일어나라는… 그 아부지 지게 이론은 내게 아무 소용이 되지 못했다.
단 한 걸음도 걷지 못하고 질척한 논바닥에 엎어졌고 볏단을 들어내고서야 내가 일어났으니.
그때 아부지 얼굴을 얼핏 봤다.
'그래, 포도시(겨우, 간신히) 살아난 놈이 뭔 힘을 쓰겠냐.'
초등학교 3학년 땐가 나는 스스로 앉지도 서지도 못했다. 급작스럽게 원인도 모를 병에 걸려 한동안 시름시름 앓았는데, 내 바로 위 형도 잃은 터여서 어른들 생각으로는 저것이 살아나겠는가 했단다. 어느 날 수염을 허옇게 기른, 나도 언젠가 한 번은 뵌 적이 있는 할아버지를 아부지가 모셔왔는데, 그 할아버지는 나를 한번 훑어보고는 아부지랑 밖으로 나가셨다.
할아버지 손에는 너부데데한 쇠가 들려 있었는데 누렇게 생겼고 글씨가 빼곡한 나침반이었다.
아래채는 문간방과 문간, 두엄간과 뒷간이 일자로 붙은 집이었다. 두엄간 천장에서 대들보가 끝이 나고 그 대들보에 서까래들이 부챗살마냥 퍼져 뒷간 지붕까지 이어져 있고.
두엄간 천장에 1미터 남짓 나와 있던 대들보가 부러져 언제 무너질지 모르는 상황이었는데, 그 할아버지가 그 대들보를 가리키며 "얼렁 받치소. 큰일 치룰 뻔했구먼." 하셨단다.
아부지는 허벅지 굵기만 한 편백나무를 기둥으로 받쳐 세웠다.
그다음 날 나는 아무 일도 없었다는 듯 자리를 털고 일어났고, 몸은 약했어도 아직껏 탈 없이 잘 살고 있다.

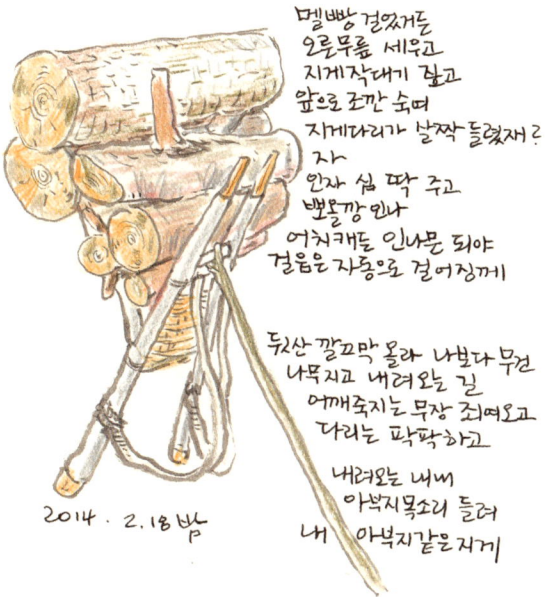

나중에 올려다본 그 대들보는 절반 채 못되게 꺾여 아래로 처져 있었고, 그 대들보에 아부지가 받쳐둔 기둥이 서 있었다.
수십 년이 흘렀어도 그때 걱정 어린 아부지 눈길이 아련하게 떠오른다.
지금은 지게질도 거뜬하게 잘하고 있으니 이 모습을 보면 아부지는 뭐라고 하실까?
"옳거니, 되얏다. 지게질은 그라고 하는 것이재." 하시며 웃었을 게 분명하다.

두 날 쇠스랑
(2017.8.30)

남원 어느 대장간에 다녀왔다던 백운동마을 의득 아우가
"형 줄라고 하나 샀어요."
하며 호기롭게 내민 두 발 달린 작은 쇠스랑.
청미래 덩굴 뿌리 캔다고 외발짜리는 하나 갖고 있는데 두 발 쇠스랑은 없었다.
질기디질긴 꾸지뽕나무 가지 잘라다가 자루를 해 박았다.
깊이 박힌 마늘도 캐내고 빌려 부치는 대실 아짐 밭 쑥 뿌리도 찍어 털어내고.
연장 탓할 게 아니라지만 딱 쓰기 좋은 연장 하나가 일을 훨씬 쉽게 해준다.
어이 의득이, 잘 쓰고 있네.

"남원 대장간 갔다가
형 줄라고 한 개 샀어요."
건너마을 사는 의득아우가 날렵하게생긴
손쇠스랑을 하나 내밀었다.
꾸지뽕가지 잘라 자루해 박고
며칠째 콩섶을 밭자리 쑥뿌리 캔다.
오른손만 쓰니 팔에며 어깨가
뻐근하다.
그래. 왼손도 있잖아.
손 바꿔가며 쑥뿌리 찍어낸다.

두발 쇠스랑
마늘캐기도 딱 좋다.

전기톱

(2017.3.8)

귀농을 준비하던 때였다.
아내랑 울산 남구 삼산동에 죽 늘어섰던 공구가게에 몇 차례 들렀다.
엔진톱, 전기 대패를 비롯해서 이런저런 공구들을 장만하고 위아래가 붙은 작업복도 사고.
그러나 그땐 몰랐다.
연장을 살 때는 써본 사람 조언을 듣는 게 돈도 아끼고 쓸모도 많다는 것을.
엔진톱은 너무 작아서 좀 굵다 싶은 나무는 자르기 힘들었고, 전기 대패 역시 장난감 같아서 쓰임이 별로였다. 결국엔 적당히 힘을 쓸 엔진톱과 전기 대패를 새로 사야 했으니 돈이 이중으로 든 셈이다.
그래서 내 둘레로 귀농하는 친구들이 오면 나는 그 친구 데리고 공구가게로 간다.
물론 그것도 본인이 원해야 가능하지만.
"내가 써보니 이거 이거 이거는 꼭 필요한 공구고, 이 정도 크기는 써야 제대로 돈값 하고. 또 인터넷 가격이랑 차이가 크지 않으면 지역 공구상에서 사야 탈 나면 금세 달려와 고칠 수도 있고…." 이렇게 조언을 한다.
전기톱은 사지 않았는데 힘이 떨어진다는 선입견이 있기도 했고, 또 전기가 없는 곳에서는 쓸 수 없으니 쓸모가 덜할 거로 생각해서 장만하지 않았다.
그러다가 청원 사는 마리 공주님에게 중고 전기톱이며 엔진톱을 얻어왔는데 엔진톱 이상으로 전기톱 쓰임새가 많다.
우선 연료로 기름을 쓰지 않으니 매연이 없다. (물론 전기톱도 윤활작용을 하는 기름은 따로 넣어줘야 톱날이 들러붙지 않는다.)
시동을 건다고 힘을 뺄 일이 없다.
가장 좋은 건 시끄럽지 않다는 거다.
엔진톱은 보통 한번 시동을 걸어두면 작업이 끝날 때까지 계속 엔진을 가동해 둔다.
시동을 건 채 잠시 혼자 두면 덜덜덜 흔들림이 심해서 비탈진 곳에선 톱이 미끄러져 날에 흙이 묻기도 하고 영 성가시다.
전기톱은 날만 잘 관리하면 엔진톱 이상으로 힘을 쓴다. 언제고 전기만 꽂으면 쓸 수 있어 편리하다. 볼트 몇 개 바꿔가면서 아직 잘 쓰고 있다.
가끔 에어 컴프레서(공기압축기)로 톱밥 찌꺼기를 청소해 주면 탈이 없는데, 청소를 게을리한 탓에 윤활유가 나오지 않아 애를 먹었다.
그러면서 또 배우는 거지.

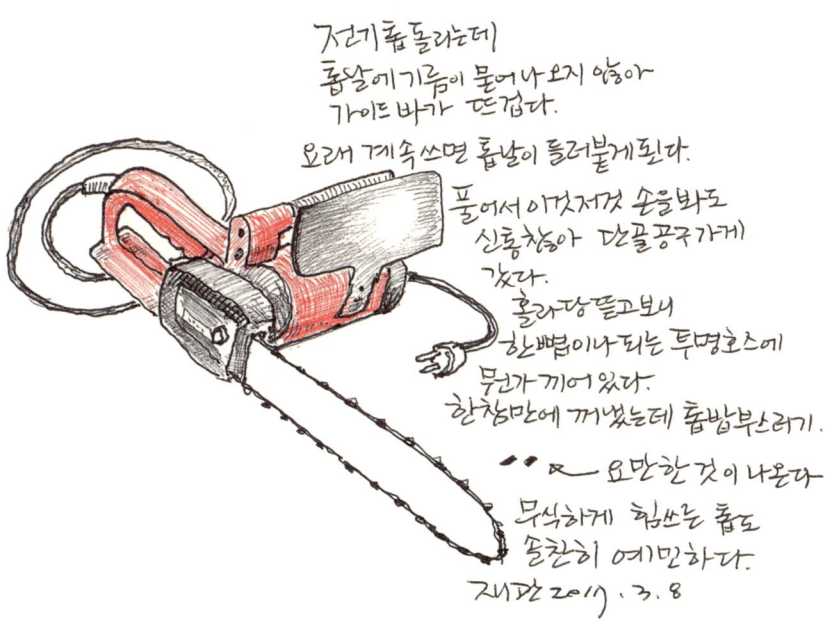

전기톱 돌리는데
톱날에 기름이 묻어나오지 않아
가이드 바가 뜨겁다.
오래 계속 쓰면 톱날이 들러붙게된다.

풀어서 이것저것 손을 봐도
신통찮아 단골공구가게
갔다.
홀라당 뜯고보니
한뼘이나 되는 투명호스에
뭔가 끼어 있다.
한참만에 꺼냈는데 톱밥부스러기.
∙∙∙ ⟵ 요만한 것이 나온다
무식하게 힘쓰는 톱도
솔찬히 예민하다.
재관 2011. 3. 8

고무신도 쉬고
(2017.8.15)

풀 가득한 밭에 갈 때나 밭이랑을 쳐올리는 일이나 예초기를 돌릴 때면 장화를 신는다.
삽 둘러메고 논에 갈 때도 장화다. 잘 매만진 밭에 모종을 낼 때는 간편하게 고무신을 신는다.
깜장 고무신.
왕복 5킬로미터를 걸어서 학교 다니던 시절.
여름 소낙비에 뛰다가 고무신이 훌러덩 벗겨져 넘어지기도 했고, 한겨울 깡깡 언 고무신을 신고 종종거리다가 얼어붙은 신작로 돌부리라도 부닥칠 때면 눈물이 쏙 빠지도록 아팠던 기억.
한 날은 아부지가 장에 가서 새 고무신을 사왔는데, 고무신 양옆에 나비가 달린 여자 고무신이었다.
"힝, 여자 꺼구마. 나 안 신어."
남자 고무신은 뻣뻣하고 여자 고무신이 더 보드랍다고, 그래서 사 왔으니 신으라고.
이미 닳아서 밑창 뒤꿈치가 터진 고무신을 신고 갈 수도 없어 여자 고무신을 신고 갔는데 모두 내 발만 내려다보는 거 같았다.
며칠 동안 여자 고무신을 신고 다녔다.
그런데 그 고무신이 보이지 않았다. 어느 여학생이 자기 건 줄 알고 신고 갔을까? 그 신발은 오간 데 없고 대신 다 닳아버린 남자 고무신(그것도 크기가 차이 나는)만 신발장 앞에 뒹굴고 있었다.
비 오는 날.
그래서 비 온다고 쉬는 날. 흙 묻은 우리 부부 고무신은 현관 앞 낙숫물 떨어지는 자리에서 목욕을 끝내고 쉬고 있다.
고무신에 흐린 하늘이 담겼다.

사흘째
비가 내리니
사람도 쉬고 고무신도 쉬어요.
폭신한 잔디밭에서.
흐린 하늘도 담고 가랑잎도 담고.

17. 8. 15
재관

목 꺾인 선풍기
(2008.9.12)

마을에 올라갔다가 내려오는데 재활용품 모아둔 자리에 나이 지긋해 보이는 선풍기가 누워 있다.
뉘 댁에서 내다 놨을까?
수십 년 동안 제 할 일 하다가 이제 몸이 부서져 고물상 어디로 갈 처지가 된 선풍기.
그냥 올까 하다가 날개가 멀쩡해서 주워 들었는데 이미 목이 꺾인 '신일' 선풍기였다.
뭐 못 고치거든 내가 집 앞에다가 내놓으면 되지.
이리저리 살피고서 플러그를 꽂고 미풍 단추를 눌러보니 우웅 하면서 반응을 한다.
약풍 단추를 누르자 그때서야 날개가 돌아간다.
고개가 꺾여버린 데다가 타이머 기능도, 회전기능도 다 망가졌지만 돌아가는 선풍기.
어찌어찌해서 고개를 바로 세워 묶은 뒤 깨끗하게 닦아서 쓰게 되었다.
주워온 지 10년째.
고개 딱 들고서 어엿하게 현역으로 뛰고 있는 선풍기.
기분 탓인지는 몰라도 요즘 선풍기보다 훨씬 시원한 바람을 만들어내는 선풍기.
아마 바람도 수십 년 전 그때 그 시절 바람일 거야.

블로그 뒤져보니 이 고장난 선풍기를
마을에서 주워온날이 2008.9.12일.
제 기억보다 시간은 4년쯤 빨리가는군요.

30년쯤 제 일을 다하고 고물상으로
가려는 것을 제가 데려다가
10년 가까이 쓰고 있으니
이 선풍기는 고마워할지
과한 노동에 힘들어할지.

빈말아니라
기능도 많고
디자인도 멋끔한
요새 선풍기보다
더 시원한
바람을 만들어주는
옛날 선풍기.

이 선풍기 바람 의지해
폭염을 나고 있네요.

불 잔 붙여봤는디
(2015.9.15)

불 잔 붙여 봤는디...

"그래가꼬 불이 덩그간디?
불쏘시개 놓고 그 욱에다가 잔가지 올리고
그 욱에다 굵은 나무 올리고… 인자 그래가꼬
밑에다가 불을 덩그는 거시지."

"그럼 연기 많이 나잖아요."
"불핍서 냉갈 안 나간디? 냉갈은 나게 마련이여."

일흔 다섯 자신 어른은 한사코 아래그럼 맨쿠로 하믄
불이 안 덩그고 꺼져 분다고 손사래를 치십니다.

"연기 안 나게 해 보께요잉?"
"안 된단 마시!"

맨 위 불쏘시개에 불을 붙이고 2~3분 흘렀는데
불이 안 꺼지고 아래로 타들어 갑니다.
물론 연기 도거의 안 나고요.

"허…참…… 허… 벨 일이네."

"대차,
냉갈 한나
안 나 주마이."

"차말로…
벨라도 잘 타요."

2015. 9

"내가 육십평생 불을 꺼꿀로 붙였구마이…."
어른은 한동안 혼잣말을 중얼중얼 하셨습니다.

불? 그 까이 거 뭐 대충
(2015.9.15)

이런저런 구경거리 가운데서도 싸움 구경, 불구경이 재밌다고들 한다.
어렸을 적 아궁이에 불을 지피고 모깃불을 피우고 쥐불놀이를 하고 땔감 주우러 갔다가 남의 조상 산소 홀라당 태워 먹고 크게 혼나고….
불 피우면서 살게 될 줄 몰랐는데 벌써 16년째 땔감에 불을 붙여 난방도 하고 온수도 뽑아 쓴다. 우연한 기회에 곁에 사는 친구들과 협동조합을 꾸렸고 적정기술이라는 말을 듣게 되었으며, 유한한 에너지를 아껴 쓰면서 환경을 덜 훼손하는, 나름 착한 기술을 배울 기회가 있었다. 전기 없이 물을 끌어 올리거나 햇빛을 이용해 건조기를 만들고 땔감을 반 이상 줄이면서도 조리와 난방을 할 수 있는 에너지 적정기술.
우리가 꾸려가는 항꾸네협동조합은 이 적정기술 가운데서도 특히 불을 이용한 적정기술 분야에 더 깊이 파고들었다. 다양한 화덕과 난로를 개발하고 무동력 스프링 도끼를 만들었다.
단순히 만들어서 보급하는 데 그치지 않고 전국을 다니며 교육도 하고 있다.
에너지 적정기술을 알자면 가장 기본이 바로 불을 바로 아는 것이 아닐까 싶다.
모락모락 피어나는 연기는 사실 불완전연소가 만들어낸 연료 낭비인 셈이다. 나무(땔감)는 어떤 과정을 거쳐 불이라는 에너지로 바뀌는가부터 알아야 낭비를 줄일 수 있다.
연 200명가량 우리가 하는 교육에 참가하는데 이때 반드시 물어보는 게 있다.
"불, 어떻게 붙이세요?"
한결같은 대답은 "불? 땔감 쌓아놓고 밑에다 불을 붙이는 거지."였다.
그래도 불은 붙는다. 다만 연기가 많이 나고 연료 소모가 많으며, 그 때문에 환경에까지 심각한 영향을 끼친다.
실험을 해봤다. 똑같은 양의 땔감을 준비해서 한쪽은 흔히 불붙이는 방식으로 아래에 불쏘시개를 놓고 아래에 불을 붙이고, 또 한쪽에서는 정확히 반대로 쌓은 다음 불쏘시개를 위에 얹고 불을 붙였다.
아래에 불붙인 땔감더미는 연기부터 나다가 가열되자 한꺼번에 타버리고 말았다.
위에 불붙인 땔감더미는 연기 없이 끝까지 같은 속도로 타 내려갔다.

그림처럼 불을 붙여보면 안다.
거짓말처럼 연기 없이 깨끗한 불을 보게 될 거다.
몇 번 실험을 했는데 위에 불붙인 쪽이 3배에서 5배 더 오래 탔다.
땔감 아래에 불을 붙이는 방식으로 난로나 화덕이나 아궁이에 불을 넣는 사람이 지게질을 세 번에서 다섯 번 할 때 나는 한 번만 해도 된다는 얘기다.
문득 이런 생각이 들었다.
지혜로운 우리 선조들이 왜 이 불붙이는 방법은 제대로 알지 못했을까?
참으로 궁금하다.

낡은 신발
(2017.8.14)

시골에 살면서 생긴 버릇 하나.
뭐든 버리기에 앞서서 쓸모를 다시 한번 생각한다.
그러고 나서 마침내 버리거나 아니면 더 쓰거나.
일할 때 입는 옷이나 신발도 마찬가진데 가끔 도시 사는 지인들에게 얻기도 한다.
물론 사서 입고 신는 경우가 더 많기는 하지만.
만화 그리는 동수 형이 "니 발에 맞을라나?" 하고 건네준 등산화 한 켤레.
조금 낡았지만 멀쩡했고 두꺼운 양말을 신으면 살짝 끼어도 신을 만했다.
4, 5년 지나자 밑창도 많이 닳고 옆구리가 벌어지려 해도 이걸 쉽게 버리지 못하겠다.
젖으면 햇볕에 널어 말린 뒤 툭툭 털어서 다시 신고.
낡았을 뿐이지, 신발 구실을 못하게 된 건 아니니.

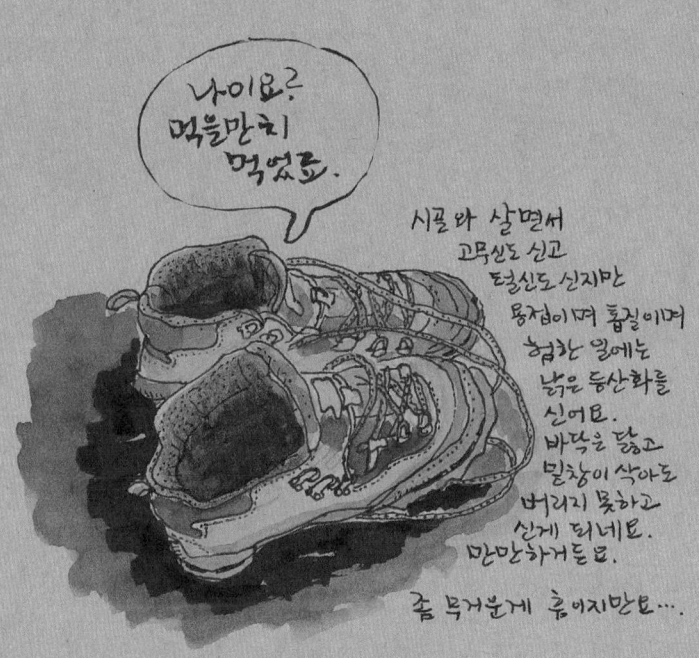

또록또록 옥수수
    (2006.1.20)

먹을 것 모자라 늘 주리던 시절.
허리 펼 새 없던 울 엄니 언제 달음박질하듯 잰 손놀림으로 저 옥수수 심었을까?
고구마밭 언저리에, 들깨 향 꽉 찬 밭 귀퉁이에 껑정하게 서서 붉은 수염 휘날리던 옥수수.
단수수 반의반도 못 미칠 그 단맛 볼 거라고 옥수숫대 툭 분질러 스펀지 같던 옥수숫대 씹어대던 기억. 껍질 벗기다가 입술 베어 비릿하던 그 피 맛.
현관 앞에 걸어둔 옥수수 뭉텅이 보고 있노라니 그 시절 기억이 또록또록.
여문 알갱이마냥 또록또록.

흐린 맘
창죽기둥타고 능소화덩쿨
오르고
능소화덩쿨타고 으름덩쿨 오르고
그 가둥에
흐록뜨록 여믄 옥수수 매달려있고
그 옥수수 털려서 미숫가루에
들어가요라

몹시 달달한
　　　(2011.7.26)

곡성 겸면 초곡마을로 이사 와서 아이들과 함께 마을 담벼락에 벽화를 그렸다.
그 계기로 곡성군 내 16개 마을을 돌며 벽화를 그리게 되었는데, 뜨겁던 한여름에 하루 한 마을씩 끝내자니 참으로 힘들었다. 그래도 칙칙하던 마을 담벼락이 환하게 바뀌고 어렸을 때 누구라도 겪었음 직한 추억놀이를 그림으로 그리니 마을분들이 아주 좋아라 했다.
"에말이요. 어디서 오셨소?"
"벨라도 기림이 이삐요."
그러면서 쟁반에 받쳐 들고 나오는 건 어김없는 믹스커피였다.
"내 입맛에 쓴가 어짠가 설탕을 두 수꾸락 더 옇는디 입에 맞을란지 모르겄소이."
그 몹시도 달달한 커피를 하루 너댓 잔씩 마셨다.
수박을 썰어 내오던 어떤 아짐은
"여그 대문 옆이다가 꽃 조까 이삐게 기래줏씨요." 청탁(!)을 하기도 했는데 도대체 이쁜 꽃이 무얼까?
평생 농사지으며 살아온, 그래서 세월이 오롯이 새겨진 아짐 손이며 굽은 허리며 얼굴이 젤 이쁜 꽃 아닐까.

몹시 달달한…ㅎ

"에말이요. 아저씨. 커피 믹스잔 묵고가씨요."
벽화그리러 나간 마음.
"아따. 베랍박에 이쁘게 기림을 기래놓게 좋소야."
쫀득쫀득 할매는 화리탈처럼 웃고는
금세 커피를 타왔다.

"조까 달랑가 모르것소."
막대커피에 버릇처럼
설탕두 숟가락을 더
넣었단다.

와우…

달긴 겁나 달다.
"맛있네요."
"여그 따순물 있응께 한잔 더 자시게."

수박

(2017.7.20)

올여름은 유난히 뜨거웠다.
하필 이 불볕 가마솥더위에 용접이라니.
56킬로그램 내 깡마른 몸뚱이에서도 주체하기 힘들 만치 땀이 흘러내렸다. 이틀 꼬박 흘린 땀이 한 말도 넘을 거다.
완주 전환기술사회적협동조합에서 진행한 '내 손으로 난로/화덕 만들기'.
스스로 설계하고 도면을 그리고 용접제작까지.
교육생이나 강사나 모두 탈진 직전까지 갔을 그때, 쟁반에 담겨 나온 수박 조각.
와삭바삭 오소속 단물 덩어리 수박 한쪽 먹지 않았더라면 아마도 버티기 힘들었을 여름.

수박이 없다면
한여름 가마솥더위를
버텨내지 못했을
것이 분명하다.

달콤덩어리수박.
과일아닌 채소.

오줌을 잘 나오게 하고
부기도 가시게 해준다.
자기전에 많이 먹으면
오줌보 터지는 수도 있다.

개 덥다!
(2017.8.11)

그랬다.
다는 아니겠지만 아들 녀석 또래의 어린 친구들, 요새 젊은 세대들이 언제부터인지 '개' 자를 입에 붙여 말하기 시작했다.
그 어떤 낱말로도 '개' 자가 갖는 의미의 정도를 넘어서기 힘들 거라는 생각이 들기 시작했다.
개쩐다, 개쪽이다, 개귀엽다, 개답답,….
그러다가 페이스북에 박재동 선생이 땀을 줄줄 쏟고 있는 자화상을 올렸는데 말풍선에 이렇게 써놓았다.
"개 덥다!"
예초기 둘러메고 논둑 500미터 깎고 나니 나도 이 말을 쓰지 않을 수가 없었다.
자화상을 그려놓고 써넣었다.
"정말이지 개 덥다!"

논둑 500미터 예초기로 풀 깎고서
남긴 셀카.
흐르는 땀만큼 뿌듯함도 넘쳐흘렀다.

뒷간에서
(2017.8.31)

외지에 나가 잠을 잘 일이 일 년에 한두 번 될까?
나는 날마다 어김없이 눈을 뜨면 담배 한 대 물고서 뒷간으로 간다.
손수 지은 생태 뒷간.
시원하게 일을 보면 참 개운하다. 그렇지 못하면 몸 상태가 썩 좋지 않다는 것을 느낀다.
전날 뭘 먹었길래 이리 배가 살살 아플꼬… 하면서 먹었던 것을 떠올린다. 나는 유독 여름 배 앓이를 자주 하는데 속에서는 싫어라 하는데도 입에서는 맛있다고 먹어댄 토종고추 칠성초 때문이겠거니 하며 고개를 끄덕인다. 좀 덜 먹어야지 하면서.
그러고 보니 나를 비롯한 현대를 살아가는 우리는 참 먹는 것에 너무나도 지나친 공을 들이고 있지 않나 싶은 생각이 든다. 맛나다는 거, 몸에 좋다는 거 열심히 먹는다.
비우는 것은 어떨까?
제대로 비워야 다시 채울 수 있지 않은가.
뒷간에서도 이렇게 깨달음을 얻는구나…하며 일어서는데
아흑! 다리에 쥐 났는가 보다.
(책 엮기 전 이 그림일기를 미리 본 사람들이 말했다. 얼굴색이랑 궁둥이색이랑 너무 옅다거나 너무 리얼하다고. 색 고칠까 하다 그냥 두었다. 내 일기니까.)

뒷간에서

아침에 눈뜨면 어김없이
들르는 생태뒷간.
쭈그리고 앉았는데 문득
이런 생각이 들더군요.

몸에 좋다는 거
입에 맞는 거 찾아
야구야구 먹을줄만
알았는데...

잘 비우는 것이
참으로
중요하구나.

17.8.31
재연

비워야 비로소 채울수 있다는 당연하고도
단순한 진리를 곱누면서 되새깁니다.

뒤집으면 되지
(2017.7.7)

새 옷도 아닌데 입으면 자꾸 옆구리며 목덜미가 거슬린다.
까뒤집으니 예상대로 상표가 있네. 몇 번은 가위로 오려냈다.
어느 날 아내가 옷을 뒤집어 빨고 뒤집힌 채로 개놨더라.
그냥 입어봤는데 어! 감촉이 더 좋은데?
그래서 거슬리는 옷은 뒤집어 입는다.
토시도 마찬가지. 재봉선이 불거져 한참 끼고 있으면 눌리고 가렵다. 뒤집어 끼었더니 영판 맨지르하니 좋다.
"어? 자네 옷 뒤집어 입은 거 몰랐는가?"
아니요, 알고 있어요.
보는 사람이 불편한가 보다.

헌 차 새 발통
(2015.9.14)

귀농하면서 소형 아벨라를 탔다. 울산부터 탄 차인데 작아도 큰 불편 없이 잘 탔다.
나는 경기도 어딘가 교육을 받으러 갔고 대신 고흥 사는 동생 홍대가 딸아이 학교 데려다주다가 정지선에서 뒤따라오던 차에 박혀 폐차했다.
두 집 식구가 모두 타고 있었는데 다행히 크게 다치지는 않았다.
그리고 중고로 산 카니발 밴. 12만km 뛴 차였는데 너른 짐칸에 차폭도 꽤나 넓어 10년 가까이 탔다. 30만km를 넘겼고 목표는 '40만까지 타자'였다.
여기저기 고치기도 하고 낡은 발통도 갈았다.
그 차 타고 울산 처가 다녀오다가 고속도로에서 펑 하며 라디에이터에서 물이 샜다.
견인차에 끌려서 곡성까지 왔고 한참 뒤 아내가 새 차를 사고 싶어 했다. 다시 고쳐서 탔으나 40만 목표를 채우지 못하고 폐차장으로 끌려간 카니발 밴.
차 한 대 없던 우리 마을 어른들 가득 태우고 마을 외식을 다니던 차.
짐을 실어도 실어도 넉넉하던 차.
새 발통도, 절반 넘게 들어 있던 기름도 아까웠다.

힘내라
(2017.4.26)

곡성에 터 잡고 살면서부터 재래닭을 분양받아 키웠으니 벌써 10년이 되었다.
아이들이랑 손수 닭장을 지었고 씨알은 굵지 않아도 비린내 없이 고소한 달걀을 넉넉하게 얻었다.
더러 족제비에게 당하고 멧돼지 사냥 나온 사냥개에게 물려 죽기도 했지만, 봄마다 알을 품은 어미 품에서는 솜털 같은 병아리들이 태어났다.
유독 올해 알을 품던 암탉들이 족제비에게 당했다. 암탉 열 마리 남짓.
온전히 내가 잘못했다.
그림에 등장한 암탉.
꼭 지켜주마 했고, 열심히 닭장 여기저기 손봤는데 병아리가 태어나던 날 다시 족제비에게 모두 잃었다.
나는 절망했다.
다시 철망을 사다 두르고 더 철저하게 방비를 한 덕에 병아리들이 태어나 중닭이 되었고 마지막으로 태어난, 주먹만 한 병아리들도 어미 따라다니며 밭을 헤집고 있다.
마지막으로 태어난 아홉 마리 병아리들과 어미는 9월 중순 제천 혜원 작가네로 분양했다.

힘내라

몸크게부풀려서
알 열댓개 품고있다
물도 모이도 마다하고
눈조차 깜빡이지 않고.

이녀석보다 일찍 알을품던
암탉들은 달걀찾길 품고들어온
족제비에게 당했다.
이제 나는 꼭 지켜줄게
넌 곧 엄마가 될거다.

조금만 힘내라이 ㄱ
'19. 4. 26 래관

버들아 부탁하마
            (2017.5.10)

농사를 짓다 보면 생각지도 않았던 일이 생긴다.
느닷없이 멧돼지가 내려와 떫은 대봉시를 아작 내는가 하면 시키지도 않는 밭을 아예 쟁기질해 놓고 간다. 작년에도 일이 있었다.
누군가가 고추 순을 끊어 먹는 일이었는데, 10년 가까이 농사를 지으면서 이런 일은 첨이었기에 황당하면서도 약이 올랐다.
이제 막 땅 맛을 알고 뿌리를 새로 내며 힘을 받기 시작했는데, 똑똑 끊기거나 뽑힌 채 뒹굴고 있는 것이다. 밭을 찬찬히 살피니 고라니 소행이다.
발자국이 어지럽고 여기저기 염소 똥 닮은 고라니 똥이 쏟아져 있다.
다시 새 고추 모종을 골라서 심었는데 또 끊어 먹었고, 또···.
잇달아 세 번. 그래도 다행히 고추 포기에선 더러 곁순이 올라와 우거졌고 우여곡절 끝에 고추도 30여 근 땄으니 그나마 선방한 셈.
올해는 아예 야무지게 방비를 했다.
고추밭 빙 둘러 말뚝을 박아 망을 두르고, 망을 치지 않은 자리는 쇠줄을 걸어 버들이가 지키도록.
"버들아 부탁 좀 할게?"
고라니는 얼씬도 못 했고 고추는 너울너울 자라고 있으나 작년보다 더 거둘지는 장담 못 하겠다.
고추 농사란 게 서리가 내리고 끝나봐야 알기 때문일까.

달집을 세우다
(2013.2.24)

2013년 마을분들이 내게 이장을 맡겼다.
"자네가 내년부터 이장 맡는담서?"
면에 가니 보는 이마다 묻는다. 2010년부턴가 나도 모르는 사이 차기 이장에 내 이름이 오르내렸는데 무슨 일이 그리 많은지 나는 바빴고, 그래서 한사코 거절하다가 결국 이장 일을 하기로 했다. 내건 조건은 임기를 정해놓고 그 임기만 하기로 했고 마을분들은 동의했다. 임기는 2년. 우리 마을은 이장 선거가 없고 마을분들이 모여 한 사람을 세우고 박수를 치면서 뽑는다.
"인자 젊은 사람이 이장 맡았응께 정월 보름 달집도 잔 꼬슬라야재? 안 그라요?"
"그랍시다. 모다 좋지라?"
결국, 20년 가까이 중단되었던 달집태우기 행사가 살아났다.
날 잡아 달집을 세우기로 한 날.
풀베기나 눈길 치우기는 마을분들이 모두 나서서 하는 울력이지만, 달집은 남자들이 나서 세우고 여자들은 회관에서 음식을 장만했다.
마을에 흔전만전한 대나무를 베다 나르고 뼈대로 쓸 기다란 나무도 서너 개 베어오고.
오전에 달집을 세워놓고 오후에는 풍물을 치며 집집이 돌았는데, 꼬막 껍데기 엎어놓은 것만 한 쬐끄만 마을에서 돈 백만 원이 걷혔다.
그만큼 어른들이 즐거워했다.
술을 못 마시는 나는 태어나서 가장 많은 술을 마셨으며 늦도록 산골짝 마을회관에선 노랫소리가 끊이지 않았다.

다시 족제비다
(2017.3.27)

다시 족제비가 나타났다.
아랫마을 영규 아우네 닭장에 며칠째 족제비가 습격했다길래 나도 잘 지켜봐야지 했는데 밤사이 세 마리가 물려 죽은 거다.
아무리 찾아도 드나드는 흔적이 안 보인다. 다시 밤이 찾아왔고 자정쯤 손전등 들고 닭장에 가보니 횃대에 있어야 할 닭 몇 마리가 여기저기 흩어진 채 바닥에 웅크리고 있다. 닭은 어두우면 움직이지 못한다. 이래선 오늘 밤에 또 무슨 사달이 벌어질지 모른다. 작정하고 꼼꼼하게 한참을 살폈다. 생각지도 못한 자리의 망이 뜯겨 있다. 내 주먹이 드나들기도 어려울 정도로 작다.
철사를 가져다 촘촘하게 동여맸다.
속수무책으로 당하며 공포에 떨었을 닭들을 보니 참 미안했다.

이웃 영규아우네 닭장에
족제비가 습격해 닭을 물어죽였다고한다.
연달아 며칠째란다.

오늘아침 우리닭장에도
참사가 있었다.
세마리가 싸늘하게 굳은채
바닥에 넘부러져 있고
한마리는 자울자울 한다.
꼼꼼히 찾아봐도
드나든 흔적이
없다.
조금전 밤중에 가보니
닭 몇마리가 바닥에
내려와
울고있다. 횃대에서

재현 2019. 3. 26

필시 횃대에있다가 잦겨내려온듯.
두어번 살피다가 족제비가
드나들었을 만한 곳을 찾았다.
낡은 망을 물어뜯은듯 하다.
오늘밤 잘 넘겨라.
내일 야무지게 고쳐야겠다.

장화꽂이
(2010.5.2)

니 뭣 헐라고 거기 들어갔냐?
부안 살 적 창고 앞 마당가 잔디밭에 아무렇게나 벗어 던져놓은 장화를 집어 들다가 흠칫 물러섰다. 스멀스멀 뱀 한 마리가 고개를 내밀었기 때문.
그나마 유혈목이어서 다행이지, 독사라도 되었으면 어쩔 뻔했을까?
저어기 죽곡 삼태 사는 현지 님은 독사에 물려 한 열흘 고생했다던데.
귀농 초기 빌려 살던 부안 중마동 집은 유독 뱀이 많았다. 집 뒤로 대밭과 돌담, 둘레에 무성한 풀과 알맞은 습도. 작은책 식구들이 찾아와 비닐집 우거진 풀을 베고 청소할 때도 독사가 여러 마리 나왔는데, 박준성 선생은 딸랑딸랑 방울을 손목에 달고서 풀을 벴다.
기척을 하면 뱀이 알아서 자리를 피한다고.
지네며 뱀이 무슨 잘못이 있겠나? 손 두 번 안 가게 제대로 정리 안 한 내 탓이지.
궁리 끝에 장화꽂이를 만들어 세우고 장화를 꽂아두었다.
비가 오면 자동세척까지.

달걀

(2017.8.16)

느닷없이 달걀 파동이 났다. 조류독감으로 하루아침에 수십 수백만 마리가 땅속에 묻히고 달걀값은 치솟고 외국산 달걀을 수입하고.
그리고 또다시 잠잠하다가 이번엔 달걀에서 살충제 성분이 나왔다고 온 나라가 시끄럽다. 더욱이 친환경 달걀농장에서도 검출되었다니 사람들이 받은 충격은 더욱 컸을 것이다.
달걀에서 살충제 성분이 나왔는데 그럼 그 알을 낳은 닭은 안전할까?
너도나도 사 먹는 치킨이며 보양식 삼계탕이며 닭발 안주는 괜찮을까?
수명이 30년이나 된다는 닭이 단 한두 달 사이 고기로 바뀌고, 복사지 한 장만 한 철망 안에서 알만 낳다가 철망 안에 빼곡하게 담겨 닭고기 공장으로 실려가는 닭.
이 불편한 진실에 언제까지 눈을 감을 건가.
닭뿐이랴. 소 돼지는 또 어떤가?
동물 복지가 어디 하루아침에 되겠나. 더 나은 환경에서 키우도록 하고 그 비용을 소비자가 나눠 부담하면서 바꿔가야 하지 않을까?
그래서 손수 가꾸고 기르고 키우는 삶이 더 소중하게 다가온다.

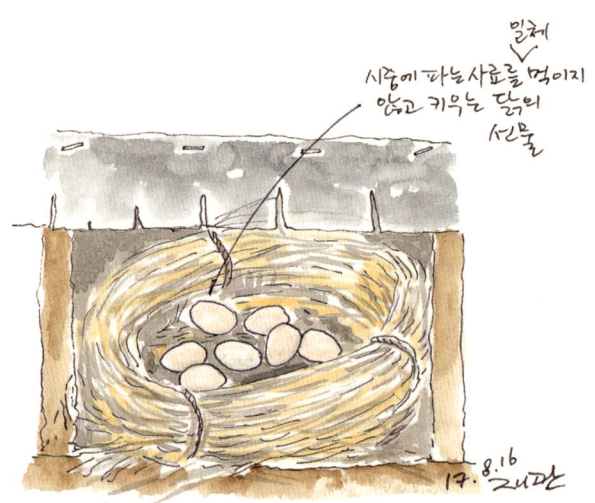

밀헤
시중에 파는 사료를 먹이지
않고 키우는 닭의
선물

17. 8.16 그니판

하다하다 이젠 달걀에서까지 살충제가…
순수 가꾸고 기르고 키우는 삶이
한없이 소중하게 다가옵니다.

같이 태어나면 좀 좋으니?
　　　　　　　(2017.8.12)

십 년째 닭을 키우다 보니 별별 일을 다 겪는다.
윤기 나는 갈색 옷을 입은 갈순이는 닭장을 벗어나 집 뒤 산기슭 리기다소나무 둥치 아래 둥지를 틀어 병아리를 깠다. 그런가 하면 깨어난 지 하루 만에 무슨 까닭에선지 버림받은 병아리를 집 안으로 데려와 졸지에 보모 노릇을 하기도 했다.
막둥이 찬이 등에 올라타거나 머리에 오르기도 하고 부르면 쪼르르 달려온다.
아침이면 밖에 나가자고 현관 앞에서 빡빡거리기도 한다.
호미 들고 밭으로 나가면 쫄래쫄래 잰걸음으로 따라온다. 병아리 먹여 살리려고 아침마다 밭을 반 평쯤 긁어 김을 매기도 하니, 보물이 밭에 묻혀 있을 거라는 아버지 유언을 듣고 밭을 파다 보니 농사를 잘 짓게 되었다는 옛날이야기도 떠오른다.
올해 마지막 병아리들이 태어날 때도 그랬다.
알을 깨고 나와 따뜻한 어미 품에서 젖은 털을 뽀송뽀송하게 말려 나온 형제들과 달리, 한 녀석은 하루 늦게 태어났고, 털이 젖은 채로 한쪽에 내버려진 채 숨만 깔딱였다. 쫑쫑거리는 다른 새끼들 돌보느라 어미 닭도 젖은 녀석을 돌볼 틈이 없다.
데려다가 털 말리고 설탕물 먹이고 저녁에 어미 품에 넣어줬다.
"삐악 삐악삐악!"
다음 날 아침, 녀석도 형제들 틈에 섞여 어미를 따라 얼음땡 놀이를 하고 있다.
참 고마운 일이다.

같이 태어나면 좀 좋아?
알을 깨고 나왔으나 때가 늦으면
어미품에서 털 말릴 시간이 없다.
어미닭은 먼저 태어난 병아리들을
챙기기 바쁘기 때문.

혹여 늦게 깨어나
털 젖은 채로 있거든
얼른 데려다가
드라이기 미지근한 바람으로
털을 말려준다.

온도가 떨어지면
위험하니 따뜻하게
보살피다가
밤에 어미 품속에 넣어준다.

다음날 똘망똘망한
11.8.12 병아리를 확인할 수 있다.
재단

삼순이
(2017.7.22)

"털색이 세 가지 이상이면 95%가 암컷이지요."
동물 박사라는 분이 우리 집에 다니러 왔다가 삼순이를 보더니 암컷이라고 한다.
맞다. 무주 김광화 님 댁에서 우리 집으로 온 고양이.
우리 집에서 800여 미터 떨어진 마을에도 고양이가 많다. 창고며 헛간 여기저기서 와글와글 새끼들을 데리고 나온단다.
"하도 많응께 난리여. 약을 놔서 수를 줄이재."
"그래도 금방 늘어. 밤에는 애기들 울음소리맹키로 울어쌓고. 아조 시끄롸서 못살어."
아무래도 그렇지, 음식에 약을 버무려 산목숨을 거둔다는 마을 아짐들 얘길 들으니 맘이 좀 그랬다.
"새끼 막 낳으면 분양도 힘들고…."
우리는 중성화 수술을 하기로 했다.
어린 삼순이는 동물병원에서 꽤 긴 시간 수술을 받고 목에 깔때기를 차고 나와 아프다며 끙끙 앓았다.
수술하고 한동안 집 안에서 지낸 삼순이는 몸을 회복하고는 솔이 만들어준 현관 앞 높다란 종이 상자를 집으로 삼았다.
그래도 한 식구라는 걸 알고 있을까?
마당이나 화단에 나온 병아리들을 봐도 해코지하지 않고 멀찍감치 돌아가거나 아예 피해준다. 한사코 마늘이나 무씨를 심은 밭으로 가서 앞발로 파고 똥을 누는 바람에 아내에게 미운털이 박혔지만, 그래도 여전히 착한 삼순이다.

장맛비 뒤

톡 톡 토도독…
투둑 투둑 투두둑
와다다다 ……
장맛비 요란하게 지납니다~
조용하던 산골짝이
소란스럽습니다

비 그치고

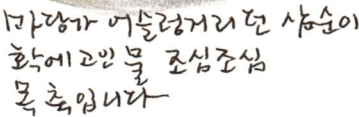

마당가 어슬렁거리던 샴순이
확에 고인 물 조심조심
목 축입니다

참 이쁘다
(2015.4.22)

어미 닭이 되는 길은 참으로 지난하다. 알을 품기 시작해서 초기에는 그나마 잠깐씩 둥지를 벗어나 목도 축이고 건성이나마 모이도 쪼지만, 시간이 흐를수록 아예 둥지에 차고앉아 꼼짝을 않는다.
참으로 지극한 모성이 아닐 수 없다.
알을 깨고 바깥세상으로 나온 병아리들은 그런 어미를 단번에 알아보고 일사불란하게 지시에 따른다. 품 안에서 꼼지락거리다가도 국국 경계음 한마디에 조용해진다.
어미가 먹을 것을 물었다 놨다 하며 "여기 먹이 있다." 그러면 우르르 모여들고 "애들아, 잠깐!" 하면 제자리에 딱 선다.
병아리는 오로지 어미를 따르고 어미는 병아리들을 위해 온몸을 던진다.
미물이 아니다. 인성 덜된 사람보다 훨씬 낫다.
그래서 더 예쁘다.

참 이쁘다

껍질벗고 나오니 보름만에
밖으로 나왔다.
신기하다.
와 신기한 거 많재?

살뜰히 챙기는 어미랑
올망졸망 병아리 구경하고...

다리에 쥐났다.
아구구...

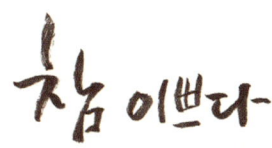

미안해
(2015.2.16)

애완동물이 아닐지라도 함께 사는 동물과 헤어지는 일은 슬프다.
우리 집 닭을 보낼 때도 그랬다.
설 명절을 앞두고 찬이랑 아주 가깝게 지내는 아랫말 동무네서 닭을 사고 싶다고 기별이 왔을 때 찬이는 몹시 망설였다.
"찬아, 어차피 암수 성비 생각하면 수탉은 좀 줄여야 돼. 니도 알잖아?"
"그렇기는 해도….'
막둥이 찬이가 초등학교 3학년이 되었는데, 학기 초에 학교를 그만 다니겠다고 하였다. 우리 식구들은 의논 끝에 찬이 결정을 존중해 주었다.
찬이가 맡은 일은 토종닭 돌보기.
비가 오나 눈이 오나 찬이는 닭장을 오가며 알뜰살뜰 닭들을 챙겼다. 음식을 조리하듯 쌀겨와 풀을 썬 뒤 버무려 갖다 주기도 하고 파리를 비롯한 벌레를 잡아다 병아리들에게 먹이기도 했다. 닭마다 이름을 지어서 부르기도 했는데, 다 비슷해 보이는 녀석들을 모두 구별하는 게 신기했다.
그렇게 정이 들었으니 마음이 아프겠지.
한참을 고민하던 찬이는 나와 닭장으로 갔고 손가락으로 수탉을 가리켰다.
그리고 닭을 안고 "미안해. 잘 가." 하더라.
그걸 보고 있자니 마음이 짠해서 나는 고개를 돌리고 눈만 끔벅였다.

미안해, 잘 가.

설날 떡국에 넣을랑가?
아랫말 막둥이 찬이 동무네서 토종닭
두마리 사가겠다고 했단다.
유전자조작, 항생제 범벅인 사료 안먹이고
애지중지 키우던 닭.
아침마다 모이통들고 달려가 한참씩
머물렀던 닭장.
함께 닭 잡으러 들어갔는데 가슴에 안고서
"미안해. 잘 가." 했다.

그거
보고있자니   무장 짠하다.

코뚜레
          (2009.9.8)

"멋 헐라고요?"
아부지 따라 산에 갔을 때였다. 아부지는 조선낫으로 가느다란 노간주나무를 베어 잔가지를 다듬고 껍질을 벗겼다.
"요놈으로 소코뚜레 해줄라고."
집으로 온 아부지는 맨질하게 다듬은 노간주나무를 둥그렇게 말아 새끼로 묶어 처마 밑에 걸어뒀다.
어느 날 아침, 이웃 박센 아재가 왔는데 손에는 뭉툭하고 끝이 뾰족한 나무송곳이 들려 있었다. 외양간에서 나온 송아지는 어른들 손에 잡혀 겁에 질린 듯 하얀 눈만 이리저리 굴렸고 박센 아재는 순식간에 소 콧구멍 양쪽을 관통하는 구멍을 뚫었다. 아부지는 동그랗게 말아놨던 노간주나무를 끼워 묶고 질긴 삼줄로 묶었다.
"을마나 아프까이?"
송아지는 연신 기다란 혓바닥을 내밀어 양쪽 콧구멍을 핥기 바빴다.
그렇게 어른 소가 되고 멍에를 차고 쟁기질을 배우고.
소는 한 식구였지.
지금은 소코뚜레 하는 소가 몇이나 될까?

엄니 손
(2017.6.11)

어째 하나같이 다 저리도 구부러지고 뒤틀렸을까.
굵어진 마디 살은 오간 데 없이 거죽에 검버섯 내려앉은 손이 되었을까.
"아이고 울 엄니 손 잠 보소."
"이날 평상 일만 했응게 이라고 되재."
울 엄니 손이나 마을 아짐들 손이나 모두 하나같다. 오일장에 좌판 깔고 앉아 고구마 줄기 껍질 벗기는 손도, 작은 칼 재게 놀려 돌갓(도라지) 껍질 벗기는 손도 다 똑같다.
남자 손이라고 다를까. 여든 중반 봉열 아재 손도, 홍길 아재 손도 내나 한가지다.
오십 중반 내 아내 손도 울 엄니 손 닮아가는 거 같아 마음이 아리다.

굽은손
구부러진
손가락
다시 펴지지
않은
어미손가락

고향 집
(2017.8.1)

아부지 자리 옆 바람벽엔 늘 주먹만 한 라디오가 달려 종일 소리가 났다.
아부지 가시고 나니 그 라디오도 어디론가 사라졌다.
고향 집 들렀다가 돌아 나오는 길, 엄니는 장독 앞에 홀로 서서 내동 눈물을 보였다.
나도 따라 눈물이 나서 앞이 뿌옇게 되었다.
이제 고향 집에는 아부지도 엄니도 안 계신다.
두 분 흔적도 시나브로 옅어간다.
주택개량사업이 들어와 마을 사람들 모두 새집을 짓는다고 할 때 아부지는 한숨을 내쉬었고
"아부지, 집 지읍시다. 내가 그 담보대출을 갚으믄 되재라." 그러며 이 집을 지었지.
이 집을 짓기 전, 그러니까 내가 태어나고 자라고 마당에서 뛰어놀다 토방에 부닥쳐 이마를 깨던 고향 집은 진작 사라졌고, 내가 날다람쥐처럼 타고 오르며 놀던 감나무 한 그루와 아무리 가물어도 절대 마르지 않았던 깊은 샘만 남았다.
눈 감아야 비로소 보이는 고향 집.
눈길 가는 곳마다 묻어 있는 아부지 엄니 자취가 오늘따라 더 또렷하기만 하다.

40여년전으로 돌아가 내가 드듬이 되어 내려다본 고향집.
아버지 집 나다 가지고 마당에 내키만치 자란 풀이 가득하겠지.

엄니, 잘 계시지라?
(2017.1.12)

모든 엄니들이 다 그럴 거다.
온몸을 다 바쳐서 새끼들 키우고 껍데기만 남는.
자식들은 다 저 스스로 자란 줄 알지.
내 유년시절은 참 가난했다.
엄니는 그나마 공부 잘한다는 소릴 들었던 내 공부를 시키마며 새벽에 집을 나가 청량리 어느 하숙집에 밥해 주는 일을 하러 가셨다.
아침에 일어나니 엄니가 없었다. 학교 가면서 내내 울었던 기억이 난다. 어린 마음에도 나는 내가 취직해 돈을 벌겠노라 엄니를 찾아가서 내려가시게 했다.
억척스럽게 살아왔던 엄니는 말년에 혼자 고향 집 지키다가 요양원으로 가셨다. 그 전에 잠시 집에서 모셨는데 아침이면 마을회관에 모셔다드리고 오후에는 물리치료를 받으러 모시고 다녔다. 파킨슨병을 앓고 계셔서 잠깐만 눈을 떼도 넘어져 다치기 일쑤였다.
나는 엄니한테 자꾸 큰소리를 쳤다.
그런 나를 보고 아내가 말했다.
"효자라더니만 효자가 아니네."
맞다. 효자 노릇을 못했다. 자꾸자꾸 맘에 걸린다. 내가 죽을 때까지 그럴 거 같다.
송산 효도마을에 꽤 오래 계셨다. 자식들이 돌아가며 모신다는 거 쉬운 일이 아니더라. 효도마을에 모시고 나서 자식들은 시간 날 때 언제고 찾아뵐 수 있게 되었다.
시간이 흐르면서 엄니는 치매가 오기 시작했는데, 내 얼굴을 잠깐 기억했다가 누구냐고 물었다.
같은 걸 되풀이해서 자꾸 묻고 대답하고.
치매를 앓기 전에 찾아뵐 때는 엄니 옛날에 나물 뜯으러 갔던 이야기며 농사지으면서 궁금한 이야기를 했다. 지금 내가 농사꾼이 되어 열심히 살고 있다면 빙긋이 웃으며 장하다고 하셨다.
치매를 앓게 되니 마땅히 얘깃거리가 없었다. 그게 참 슬펐다.
엄니 얼굴을 만지고 손만 붙잡고 있다가 돌아왔다.
2016년 1월 12일 부안.
난로 설치할 곳이 있어 그거 마치고 효도마을 들를 작정이었다.
난로 내려놓고 점심 먹으려다가 돌아가셨다는 전화를 받았다.
아직 손발도 얼굴도 채 식지 않은 엄니가 누워 계셨다.

엄니 잘계시지라?

"누구여?"
"아들."
"멧 살 묵었어?"
"쉰넷."
"와따 마니 묵었네."
벌써 세번째 묻고답하고.

아흔살엄니는 치매를 앓고있었다.
파킨슨씨병으로 설 수도 없다.
열 낳아 셋 잃고 억척스럽게
일곱을 키워온 엄니는
껍데기처럼 누워있다.
"엄니, 취나물도 나오고
고사리도 나왔는디라."
엄마가 빙그레 웃었다.
"언능 일나서 취나물 뜯고 고사리도 꺾어야제."
"글게 말이다."
엄니는 웃고있지만 눈은 참 슬퍼보였다.
쪼글쪼글 엄니손 잡으니 낯지러 본다.
"봉숭아 물도 들였네? 이뻐브러."
엄마가 다시 엷게 웃었다.
"자네가 누구여?"
"금메 싯짜아들."
"멧 살 묵었어?" 2015. 4월하순
평무리에서

*2016년 1월 12일 12시 55분
엄니는 91년간의 여행을 마치고 모신곳으로 돌아가셨다.

"몇 시간만 더 계시다가 아들 얼굴 보고 가시지…."
서러웠다. 꺼이꺼이 울었다. 울어봐야 소용 있나.
그렇게 엄니는 고단하고 파란만장했던 세상 여행을 마치고 오신 곳으로 갔다.
"엄니, 내 엄니여서 참 고마웠어요. 잘 계시지라?"

메주콩 삶다가
(2011.12.14)

부엌에서 한 번에 두세 가지 음식을 조리하는 아내를 보면 참 대단하다 싶다.
참 신기하다. 뭐든 재료 장만하고 무심하게 양념 척척 뿌리고 조물조물하면 그대로 입맛에 딱 맞는 반찬이 되는 걸 보면.
그 많은 조리법이 머릿속에 차곡차곡 저장되어 있나 보다.
난 두 가지 일을 한꺼번에 잘 못한다. 그래도 메주콩 삶다가 기다리는 동안 겨울 볕에 나앉아 도장을 새겼다. 아무리 좋은 스탠드 불빛이라도 햇빛에는 댈 게 아니더라.
한참 집중해서 칼질하는데 부글부글 메주콩 삶는 물이 넘친다.
이런….
다행히 안 들켰다.

포골포골 메주콩 삶기는 동안
뻘따쉰 데크알 쭈그리고 앉아서
나무에 글씨를 새긴다
수백수천번 칼질이 비로소 나무에 박히는
이름…

결눈질로 혹여 메주콩 넘치지는 않는지
흘겨보면서, 돌보러 가느라 버들다가
왜 젖는가 한 방향 가늠해 보면서
도장을 판다

다른 일에 떠밀려서
이제사 추켜든 도장…
행여나 다 되었을까
기다리고 있을 다섯 식구
얼굴 떠올리면서
따순 봄볕에 의지해
도장을 판다   2에 참좋아 '12.14

메주콩 찧는 한결이
(2009.1.4)

메주를 쑤기로 했다. 티브이에서 간혹 보이듯 삶은 메주콩을 기계에 갈거나 비닐봉지에 넣고 발로 밟거나 하지 않고 우린 돌절구 확을 쓴다.
이 확은 아랫마을 빈집 터에 반쯤 박혀 있는 거 주워왔다. 얼마나 무거운지 번쩍 들어 올리지 못하고 비스듬한 나무 판재 걸치고 둘둘 궁글려서 올렸다.
메주콩을 삶아 찧으려는데 작년에 쓰던 소나무 절굿공이가 안 보인다.
이때는 찾는 걸 포기하고 얼른 하나 다듬는 게 낫다.
봄에 다듬다 세워둔 묵은 참나무를 짜구로 다듬었다.
메주콩 삶을 때는 콩이 불어서 양이 늘어난다. 잘 가늠하지 못하면 넘치기 일쑤다. 부안 살 적에 메주를 많이 쑤는 백연 형네서는 콩을 솥 가득 담고서 된장을 두어 숟갈 넣고 삶는다.
그러면 넘치지 않는다고 한다.
나와 한결이가 번갈아 콩을 찧고 얼추 으깨지면 스텐 그릇에 퍼서 안으로 들여보낸다. 아내와 솔이, 찬이가 달려들어 투덕투덕 토닥토닥 손으로 메주를 빚는다.
찬이는 서너 살 때 마루에 짚 펴놓고 말리던 메주를 오며 가며 손가락으로 파먹었지.
"맛있재?"
"응."
그렇게 빚은 메주를 이리저리 뒤집어가며 꾸덕꾸덕하게 마르면 짚을 열십자로 해서 매단다.
날 잡아 메주를 가르고 된장을 담근다.
된장이 얼마나 맛있던지 카페 산골장터에 올려서 팔다가 식파라치한테 걸려서 30만 원 벌금을 물었다.
조사 나온 공무원이 우리 집 된장 담근 이력을 듣고 사려고 했는데 팔지 않았다.

한겨울 오싟구 메주쑵니다.
푹 삶은콩 한껼이는 절구질, 아빠가
솔, 찬이는 툭탁툭탁 메주를 빚고요.
저는 잠가지런히 깔아놓고 메주 누여놓지요.

모다 보소
    (2017.4.3)

아이고 아짐요.
하루 점도록 그라고 앉겄으믄 허리 안 아프시오?
안 아프기야 할랍디여? 그래도 멋 잔 숭굴랑께 째깐썩이라도 긁어놔야재라.
인자 얼릉 들어갓씨요. 다섯 시 넘었어라우.
잉? 벌써 그라고 되얏소?

자글자글한 돌밭이라도 이녘 땅인디 뭣이라도 부쳐야재 놀리믄 쓰간디?
이날 평상 이라고 살았응게 자석들 입에 한나라도 더 여주고 그랬재.
모난 호멩이 닳아서 인자 아짐맹키로 둥글둥글하다.
와글와글하던 새끼들 장성해 다 나가고 온기 없는 방에서 찬 종지 하나 놓고 밥 한 그럭 물 말아 훌훌 혼밥을 자실 테지.
시골서 나고 자라 도시로 나가 사는 분들 모다 보소.
전화라도 자주 허고 한번이라도 더 딜여다 보시오.
빈 쭉정이 되어 오직 자석만 생각험서 살아온 엄니아부지들 안즉도 거기 계시다요.

닭장으로 간 바랭이
(2015.6.9)

'시골로 가서 살면 닭도 키우자.'
이런 계획 세운 사람 있을 거다.
농사를 짓다 보면 닭을 마냥 풀어놓고 키우기는 어렵다.
씨앗을 넣거나 모종을 심을 때는 닭을 가둔다. 튼튼한 두 발을 왕성하게 놀려 흙을 파고 둑을 허물며 먹이를 찾기 때문이다. 밭곡식에 지장을 주지 않으면 풀어주는 게 좋지만, 가둬놔야 할 때는 풀을 베어다가 준다.
닭은 생각보다 풀을 많이 먹는다.
그렇다고 대충 베다가 던져주면 닭 처지에서 먹기 성가시다.
작두나 칼로 쫑쫑 썰어주거나 그도 아니면 단단히 다발로 묶어서 준다.
발로 딱 밟고 풀을 뜯어 먹는 닭이 흔치 않거든.
겨울에 풀이 없을 때 우리는 배추 두어 포기를 뽑아다 던져준다.
가을 김장배추 모종을 한두 판 더 넉넉하게 심으면 된다.

북숯다발 같은 이풀은
여름철 대표적인 바랭이입니다.
10년째 목장원에 비닐, 비료, 제초제
농약을 쓰지 않는 우리밭은 흙이살아나서
바랭이며 명아주, 쇠비름 따위
풀도 품질이 최상급입니다.
 고추밭 콩밭 풀이자라면
 써억 써억 베어서
 그자리에 눕혀 줍니다.
  풀이 자라는것을
  늦춰주지요.

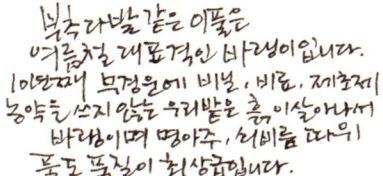

 밭에 작물이 들어가면
 닭들도 갇힙니다.
 이 풀다발은 닭에게주는
 선물이지요.
 작두로 잘게 썰어주기도하지만
 제버러리로 끊어먹는 것을 좋아하죠.

 묶어서 바닥에 두거나
 매달아 놓습니다.
 하루에 두어다발씩.
  저는 옷씨개 5개를 꽂아두
  노릇자가 알려지는
  달걀을 얻지요.

우리 집 나무 1호 팽나무
(2017.3.20)

2006년 집만 덩그러니 지어놓은 겨울.
"쩌그 까끔에 나무 한나 비여 불소. 실어다가 불 때믄 되재."
후동 아재가 방향을 가늠할 수 없는 허공으로 손가락질을 하면서 나무 베어 가라신다.
(분명 어딘가를 가리키고 있으나 나는 도통 그 방향을 알 수가 없다.)
"그럼 어딘지 같이 가보께라?"
화목보일러 쓰고 있으니 여기저기 논밭 가에 서 있는 나무들을 베어달라는 부탁을 자주 받았다. 나무가 해를 가려서 농사가 안 된다고.
마을로 올라가 보니 꽤 커다란 팽나무다. 나이는 20년 넘어 보인다.
그때 마침 부안 사는 종관 후배가 꾸지뽕나무 뿌리를 구한다고 작은 굴착기 한 대 빌려서 뿌리를 캐고 있었다.
잘되었다. 공연히 멀쩡한 나무를 베어 눕히는 게 맘에 걸리기도 했던 차에.
"저 팽나무 좀 캐 주지."
바가지 삽날 두어 번에 팽나무가 옆으로 누웠다.
팔뚝 굵기쯤 되는 가지들을 모두 잘라내고 집 마당 아래로 옮겨 심었다.
올해로 11년.
그동안 새집 두 개 달아줬는데 올해는 까치 부부가 직영으로 집을 지었다. 지켜보니 한 달 반 걸리더라.
3년 전 심은 능소화가 팽나무를 타고 올라가 꽃을 피우고.
팽나무는 그렇게 나이를 먹어가면서 다른 생명까지 품어 키우고 있다.

봄 내음
(2017.3.5)

아랫말 근수 형님 내외.
우리 집 바로 아래 저수지 언저리 기다랗게 누운 밭을 부친다.
우리가 오면서부터 계속 봤으니 11년째 담배를 심었고, 담배가 끝나면 팥이나 콩 그루갈이를 했다. 밭가로는 쪼르르 옥수수를 심고.
여기만 1,000평 가까이 되는데, 마을 여기저기 흩어진 논밭을 더하면 얼마나 될지 나는 가늠도 못 한다. 일솜씨는 내가 아는 한 따라올 사람이 없다. 아무리 생각해도 없다.
이제 기억도 잘 안 나지만 대상포진에 걸린 적이 있었다.
한 달 꼬박 아무것도 않고 쉬었다. 하루라도 일 못 하면 뭔 일 날 줄 알았는데 그렇지도 않더라.
하루는 아내에게 말했다.
"참 신기하재? 세상에 근수 형님 내외분은 저만치나 일을 함서 대상포진도 안 오는 거 보면."
"그 양반들이야 하고 싶은 거 하심서 사니까."

올 초엔가 형수님이 안 보였다.
"형수님은 같이 안 오셨네요?"
"잉, 대상포진 걸려가꼬 시방. 벌써 한참 되얏재?"
말이 씨가 된 게 아닌가 싶어 죄송했다.
나중에 다시 만났을 때 얘기를 꺼냈다.
"전에 아내랑 이만저만 얘기했는데, 막상 대상포진으로 아프셨당께 죄송하더라고요."
"허, 이 사람아 그란다고 아꼈을라고? 아플랑께 아펐겠재."

봄내음

한강이남에서 젤로 밀잘하는
아랫말 근수 형님네 와가 우리집앞
저수지가상 밭에 거름을 내고있다.
부산물 퇴비라는데 완숙이 안되어
퇴비냄새가 몹시 고약하다.

봄만 되면 이모묵 끌거품 냄새가
진동을 하는데 옛날 만치로 거름을
만들어 쓸걸 못하니 이것이라도 갖다
뿌리는 것이라.

꽃향기만 봄내음이랴
이도 봄내음인 것을.
아이고 냄새야.

2017. 3. 5 재만

수수빗자루 매기
(2013.3.19)

꼬마 도마
(2017.7.9)

산벚나무 다듬어 빵 도마 여러 개 만들었다.
만들고 나면 어중간한 자투리들이 남는데 멀쩡한 나무를 버리자니 맘에 걸리네.
도마 크기가 어디 정해져 있더냐?
작고 앙증맞은 도마 여러 개 더 만들었다.
캠핑 나갈 때나 낚시 갈 때 들고 다니면 될 만한.

재봉틀 의자
(2008.2.28)

아무리 다짜고짜 생활목공이라 하여도 의자 하나 만들려면 사실 손이 많이 간다.
무엇보다 결구가 튼튼해야 흔들림이 없는데, 끌로 따내 끼워 맞추는 것도 예삿일이 아니고 나사못 여러 개 박아도 결국 흔들리거나 끄덕거리게 된다.
"작년까지만 히도 대추가 솔찬히 달렸는디 미처부렀단마시?"
대추나무 잎이 파마머리처럼 꼬부라지는 병에 걸린 거다.
마을 갔다가 마침 이장님이 베어낸 세 갈래 가지 대추나무를 얻어왔는데, 결구 걱정 없이 아주 튼튼한 재봉틀 의자가 되었다.

미싱의자

"이야, 요고자는 베어불소."
마을 소총아재가 가리킨 대추나무.
이파리가 파마한 것처럼 꼬불꼬불하다.
"올해 무담시 미쳐부렀다니까."

3 · 4년 되었을 거라는 나무.

톱으로 베어다가
마당에 두었는데
단단한 나무라서
땔감으로는
아깝다.

자귀질로
궁디자리
파내고
사포날개서
그라인더로 박구 문때서 미싱의자로 본다.
세 다리 가운데 작은 가지 하나.
굳이 자를일 없어 남겨두었는데
좀 거시기하다. ㅎ

쥐 나겠다
(2017.8.14)

가까운 입면에 내가 참 좋아하는 기준, 호준 형제가 목공장비를 갖춰놓고 목공수업을 한다는 얘기가 들렸다. 목공수업을 받아본 일이 없는 나는 '옳거니!' 하고 두 번째 수업부터 참여했는데.
기본 중의 기본 끌 갈기, 대팻날 갈기.
아주 자세한 설명까지 듣고 나니 마구잡이로 쓰던 끌과 대패가 다시 보였다.
내가 집에서 뚝딱거리는 생활목공에 쓰임새가 사실 그다지 많지 않지만, 기본을 충실하게 익히는 게 정말 중요하구나 싶었다.
그나저나 성질 급한 내가 종일 숫돌에 끌 문지르는 일이 참으로 쉽지는 않더라.
손가락이 잘 안 구부러지네.

낫걸이
(2015.6.5)

처음엔 낫을 여기저기 던져두었다.
다시 쓰려면 찾기도 힘들거니와 녹도 슬고.
그래서 볏단을 동그랗게 묶은 뒤 걸어놓고 낫을 콕콕 찍어 두었다.
정해진 자리가 생기니 좋다.
둥근 볏단에 꽂다 보니 낫끼리 부닥친다. 날 망가질 수도 있고.
다시 만든 낫걸이.
훨씬 낫다.

풀을 뽑기보다
베어눕히는 우리집 농사는
호미보다 낫을 많이 써요.
쓰고나서 여기저기 던져놓다보니
농사꾼자세도 안나오고…
볏짚과 대나무 쪼갠 걸로 낫꽂이를
만들어 썩 썩 꽂아둡니다.
음… 자세 나오네.

모루
(2013.2.22)

내 어릴 적 고향 보성 장거리엔 내 동무 행주네 아부지가 꾸리시던 대장간 있었지.
우리 동네선 대장간보다 '성냥간'이라고들 불렀는데 왜 그리 불렀는지는 모르겠어.
하여간 그 집에 놀러가면 볼거리도 많아.
부자가 번갈아가며 벌건 쇠를 두드리는 거 하며, 피쉬쉬쉭 두드린 쇠를 물이나 기름에 담그는 거 하며.
어쩔 때 가면 돋보기를 콧등에 걸치고 요래 나를 본 동무네 아부지랑 눈이 딱 마주쳐.
인사를 하면 고개를 주억거리시고는 "이리 와서 풀무질 조까 해라." 하시거든.
한참 밀고 당기면서 바람을 일으켜 갈탄이 벌게지면 "잉. 되얏다." 그러면 놓여났지.
대장간에 붙은 골방에 만화책 쌓아놓고 밤새 보다가 아침에야 집으로 가기도 했고.
하여간 추억이 새록새록 방울방울이여.
그래서였는지 몰라.
곡성 읍내 오일장 한쪽에 대장간 있었는데, 한쪽에 먼지 쓴 채 쉬고 있는 모루가 내 눈에 딱 들어오더라고.
아내가 흥정해서 우리 집 식구가 되었는데, 나보다 더 잘 쓸 사람한테 가는 게 맞다 싶데.
시방 완주 용범 씨한테 갔지.

귀농초기.
꽃생장날 허름한 대장간에서
이 모루를 보고서 꼭 갖고싶었다.
그 뒤 다시 돌아본 장날
아빠가 대장간주인이랑 흥정해서
모루는 우리집으로 왔다.

더러 뚝닥거리긴 했으나
소나무밑둘에 돌려앉아
하릴없이 시간만
축내다가

시방은
대장간에서
대장장이 공부를 하는
번뇌용법선수네로
갔다.

끌 뭉치
   (2017.8.16)

참 오랜만에 풀어본다.
목공수업 때 끌 갖고 오라 해서 들고 가려는데
아이구야, 이게 끌이냐 싶다.
둘둘 말린 끌 보따리를 풀어보니 벌이 물어다가 집을 지은 흙덩이가 여기저기 붙어 있지를 않
나, 녹슬어 도저히 끌 구실 못하게 생긴 놈들이 스무 자루 가까이 있네.
그래도 사람 손이 무섭더라고 열심히 갈았더니 끌날이 서더라고.
끌 구실 할 수 있으면 되었지 뭐.

녹슨 끌 한자루
자귀 한자루로
무엇이든 척척 만들어내시던
울아부지 도저히
따라갈수 없지만

그때보다 더 좋은 끌에 온갖 전동공구 있으니
아부지 흉내는 낼 수 있겠지.

만만한 생활목공
(2015.7.20)

죽은 나무라고
잘려 넘어져 있다고 땔감으로만 보지 말게.
가만 들여다보면
눈 껌벅이며 조금만 생각하면
쓸모가 보여.
자꾸 그러다 보면 생활목공 정도는 어려운 일도 아니라네.